班主任新经典丛书 | 最新版

BANZHUREN XINJINGDIAN CONGSHU | ZUIXINBAN

U0576792

班主任
事业成功之路

BANZHUREN
SHIYE CHENGGONG ZHILU

本套丛书根据班主任工作的实际需求，分门别类地对班主任的专业发展、班级管理、工作方法等方方面面进行了介绍，辅以一线教师的实践案例，为广大教师提供了丰富的参考资源。尤为可贵的是，本丛书注重时代性，研究和解决了一些当前教育情形下的新问题，可谓是班主任教师们新的经典。

BENSHU BIANXIEZU | 本书编写组◎编

世界图书出版公司
广州·北京·上海·西安

图书在版编目（CIP）数据

班主任事业成功之路／《班主任事业成功之路》编
写组编．—广州：世界图书出版广东有限公司，2010．11（2024.2 重印）
ISBN 978 － 7 － 5100 － 2996 － 7

Ⅰ．①班… Ⅱ．①班… Ⅲ．①班主任 － 工作经验
Ⅳ．①G451

中国版本图书馆 CIP 数据核字（2010）第 217505 号

书　　　名	班主任事业成功之路	
	BAN ZHU REN SHI YE CHENG GONG ZHI LU	
编　　　者	《班主任事业成功之路》编写组	
责任编辑	李欣鞠	
装帧设计	三棵树设计工作组	
出版发行	世界图书出版有限公司　世界图书出版广东有限公司	
地　　　址	广州市海珠区新港西路大江冲 25 号	
邮　　　编	510300	
电　　　话	020-84452179	
网　　　址	http://www.gdst.com.cn	
邮　　　箱	wpc_gdst@163.com	
经　　　销	新华书店	
印　　　刷	唐山富达印务有限公司	
开　　　本	787mm × 1092mm　　1/16	
印　　　张	11.75	
字　　　数	160 千字	
版　　　次	2010 年 11 月第 1 版 2024 年 2 月第 4 次印刷	
国际书号	ISBN　978-7-5100-2996-7	
定　　　价	59.80 元	

序　言

随着教育改革的深入和学校教育活动越来越丰富多样，班主任在学校中所担当的角色也越来越多，新时代对班主任提出了"全能"的要求。顾名思义，"全能的班主任"就是指班主任要成为一个全面发展的人，能够在学生发展的各个方面都能提供帮助。班主任应该是爱的传播者，班主任要成为学生的知心朋友，成为全体学生的领路人，成为学生的心理医生；班主任应该是班级的建设者，要成为班级文化的设计师，成为班级纪律的管理员，成为班级成员的评判者。班主任还应该是自我实现的人，班主任要做一个管理者、教育者、研究者，班主任要在成全全体学生的同时，要实现自己的专业成长和个人价值。

换而言之，要成为一个"全能的班主任"，需要扮演好以下的几个角色：

一、学生的知心朋友和领路人

班主任爱学生，成为学生的知心朋友，是做好各项工作的前提和基础。为此，班主任对学生必须真诚、平等，要经常站在学生的角度，设身处地为他们着想。

"领路人"的角色，意味着班主任的一言一行都会影响到全体学生。班主任一定要保证自己是"朝着正确的方向行走"，这样师生一路结伴而行，才会成为有意义的事情。

二、学生的心理医生

班主任应像心理医生那样和蔼可亲，细致入微地体察学生的内心世界。为此，班主任必须熟悉心理学，学会综合运用心理学和心理咨询的方法，帮助学生分析、解决面临的各种问题及心理障碍，注重培养学生的社会适应能力。

三、班级的建设者和管理者

班级的组织、制度、文化建设，都是至关重要的，尤其是班级文化对学生的教育力和影响力非常巨大。班主任除了注意班级目标、班规班纪、管理机制、竞争机制、教室美化、活动开展这些方面的建设和管理，还要把重点放在积极向上的班风班貌、合作进取的团队精神等的营造上，使每一个班级成员都受到熏染和浸润。

四、评判者和沟通者

班主任在学生心目中却有着较高的威信，这种威信常体现在他的"裁判"角色中。学生之间发生冲突或争执，甚至是对某个问题存在争论，他们都会找到班主任这里来"评理"。班主任要通过评判，引导学生建立起认识问题的正确思维方法和正确的价值体系。另外，班主任也应该是使学校教育、家庭教育、社会教育相一致、相配合的枢纽和桥梁。

五、研究者和自我实现者

如何按照教育规律和儿童身心发展规律，积极有效地教育好学生是一项非常复杂的工作。这就需要班主任在自己的实践中，注重观察，仔细分析研究，努力探索班级管理和教育的规律，不断总结具有学术价值和实践意义的理论与经验。班主任的研究过程，本身就是一个实现自我专业成长的过程，是一个自我价值实现的过程。

现实的情况是，有的班主任能够顺应教育发展趋势，及时改变自己，很好地适应了新背景下的工作要求，而有的班主任却思维僵化，教育教学方法不能与时俱进，或者是虽然有意改变自己，但转变过于缓慢，成为一个落伍者；另外也有一些新入职的班主任，对班主任工作缺乏足够的了解，工作能力也亟需提高。

鉴于此，我们对新背景下班主任应该具备怎样的素质，进行了一次梳理，组织专家编写了这套"班主任新经典"丛书。我们的希望是，班主任能够在阅读中汲取营养，在实践中不断提高自我，最终成长为一个"全能的班主任"。

目录
contents

引　言

　　班主任的素质问题以及班主任的专业化成长日益引起教育界的重视，在这种形势下，我们来探寻班主任的成功之路，就显得非常有现实意义。

　　大量的事实告诉我们，优秀班主任的成长绝不是一蹴而就的，其专业素质和专业能力有一个发生、发展，并逐步完善的动态过程。从新任班主任，到有经验的班主任，再到有一定专长的班主任，最后发展为优秀班主任和专家型班主任，其各个阶段的知识储备、思维方式和专业能力都表现出鲜明的特点。优秀班主任是在一步一个脚印的不断适应、不断成熟中发展的，所以有些班主任希望在很短时间内迅速成长的想法是不现实的，而跳过中间过程一步从新任的班主任到成熟班主任也几乎是不可能的。所以，我们应当看到优秀班主任成长过程的长期性、复杂性和阶段性，充分认识到扎实有序、稳步成长的重要意义。

　　班主任的自主发展对其能否最终走上成功之路起决定性作用。我们发现，优秀班主任都具有强烈的进取精神、明确的发展目标、顽强的意志和刻苦的精神等优秀行为习惯。国内一项关于"优秀班主任之所以优秀"的原因调查显示，在众多的原因中，位列最前面的是"强烈的事业心和责任感"、"热爱教育，渴望成为好教师"、"能虚心学习，不断提高"等主观因素。可见，正是凭着对成为优秀班主任的向往和超越平凡的追求，他们才能够不断进取，不断地超越自我的固有状态，最终取得优异的成绩，同时也成就自己的梦想。

可以说，定位、素质、合作、学习、反思、研究等，是班主任成长的关键词。本书围绕这些关键词，探寻班主任的事业成功之路。

第一章
明确角色定位

对班主任的传统定位就是教育和管理。随着社会发展和教育改革的进行，班主任的角色定位发生了很大变化，除了是班集体的教育者、管理者，还应该是学生道德行为的示范者、良好学习习惯的引领者、学生活动的组织者、心理障碍的疏导者、地位平等的对话者、文明生活的指导者。更重要的一点，班主任要成为学生的人生导师。

身正为范。班主任对学生的行为规范负有教育、训练和养成的责任，必须在各方面以身作则、率先示范。学高为师。学生知识技能、学习策略的习得，良好学习习惯的培养，班主任理所当然要加以引领。

班级内学生开展的各种活动，班主任应该平等参与，但是班主任不可能等同于任何一个学生，在活动中自然处于组织者的地位上，因此班主任必须具备指导、组织学生开展集体活动的能力，要着力去研究如何创新活动的形式和内容，以收取更好的教育效果。

随着计划生育政策的推行和信息化时代的到来，学生由过去的多个兄弟姐妹共同分享感情变成了自己一个人独享父母长辈的关爱，由过去单一地从师长那里获取信息变成了从电视、报刊、网络等多种媒体终端获取信息。这些变化使学生的心理承受能力变得脆弱，使学生获取的信息量骤然增加，由于学生缺少必要的知识储备，加之心理脆弱，因此，现阶段学生的心理问题显得尤为重要，加强心理疏导显得尤为重要。班内学生有了心理问题，有了心理疙瘩，首先需要班主任去给予疏导，而且疏导要及时有效。当然有些心理问题要找专家解决，但是许多具体问题，例如情绪压抑、注意力不集中等，都需要由班主任去疏导和解决。

已有不少教育专家提出，班集体不仅是实施教育管理的场所，更应是师生追求发展的利益共同体，更应是学生获得激励和赏识、满足和愉悦的"精神家园"。这个观点体现着时代要求，班主任理应从更高层次上去审视自己的角色地位，精心引导学生设计、营造班集体这一"精神家园"，使广大学生在自己的家园中实现自我教育、自我管理、自主发展。

班主任的角色地位如此复杂，如此重要，要胜任这种职责，很不容易，这就要求班主任不断学习，尽量做到"一专多能"。

班级制与班主任的地位

对于"班主任"这个词，人们十分熟悉。班主任工作作为一项专门的教育工作，已经成为近现代教育理论和实践的重要组成部分。"班主任"在教育制度史上的出现，是与"班级授课制"联系在一起的，没有"班级"，就不会有"班主任"这种教育角色的出现。

了解一下班级的产生与发展，就会明白班主任的地位与作用了。

什么是班级？班级是按照教育目的，把年龄相近、文化程度基本相同、有共同学习任务的学生，划分为固定小范围集合的一种组织形式，是学校进行教育、教学工作的基本单位。

班级制度是以大工业生产作为其产生、发展的社会背景，它的形成与发展经历了漫长的过程。

原始社会时期，教育的形式和内容都很简单，教育的手段只是口手相传。到了原始社会末期和奴隶社会初期，出现了专门的教育机构——学校。但这时的学校大都采用个别教学的组织形式。虽然我国汉代出现过"大都授"，南唐朱弼曾采用过"升堂讲说"等形式，但学校教育系统没有形成年级和班级，更没有什么班主任。

在14世纪和15世纪，地中海沿岸的某些城市稀疏地出现了资本主义生产的萌芽，到16世纪，资本主义机器大工业生产和商品经济的发展遍及欧洲。这期间，乌克兰、白俄罗斯兄弟会学校中出现了班级授课的形式。德国教育家斯图谟在斯特拉斯堡主持古典文科中学，采用了分年级的制度，整个中学分为十个年级。拉萨尔的"基督教学校兄弟会"

也曾以班级教学制代替了当时盛行的个别教学制。

在此基础上，捷克教育家夸美纽斯于 1632 年发表了著名的教育著作《大教学论》，第一次对班级授课制作了系统全面的论述，并明确提出在全国范围建立统一的学校制度和在学校实行班级授课制度。这标志着班级制度的正式形成，班主任也相应产生。

17～20 世纪中叶，班级授课制得到很大发展。自英国工业革命以后，普及教育成为一个重要课题，要培养大量社会急需的人才，需要建立国家化的学校系统，就必须推行班级授课制。这时，学校教育系统形成了校—年级—班级三层结构，校长—中层领导—班主任和任课教师也成为明确的人员分工。班级、班主任作为独立的要素，不可忽视地存在于学校教育系统之中。在这一时期，班级制的发展处于巅峰。

20 世纪以后，班级制出现了一些变化。19 世纪末 20 世纪初，随着自然科学的发展，欧美等地出现了否定班级授课制的倾向，一些资产阶级教育家提出了"开发课堂"、"无墙大学"等教学形式，他们认为班级授课制有着人员单一、忽视个性发展的弊端。另一方面，又出现了法制化的趋势，如前苏联、日本等国在 20 世纪 40 年代先后颁布了一些法规，充分肯定了班级和班主任的地位和作用，使班级制度法制化。

我国是世界教育史上最早出现学校的国家之一。我国古代的教育大都采取"个别教学"的组织形式，这种形式一直持续到 19 世纪。

我国最早采用班级授课制是 1862 年清政府在北京设立的京师同文馆。该馆学习内容增加了外语和自然科学，采用了编班分级授课的方式，这是我国班级授课制产生的标志。20 世纪初，清政府废除科举，兴办学校，在全国普遍实行班级授课制。

1949 年，新中国成立，依照前苏联的教育经验和解放区的教育传统，我国在中小学实行分班教学，并设立专职班主任以取代级任老师。1951 年，政务院《关于改革学制的决定》使班级授课制有了社会主义教育的特点。

1978 年，中华人民共和国教育部颁布了《全日制中学暂行工作条例（试行草案）》，又强调了班主任工作要对学生进行思想政治教育；中华人民共和国国家教育委员会于 1988 年正式颁行全国中小学班主任工作暂行规定，明确了班主任的地位、作用、职责，规定了班主任工作的原则、方法以及任免条件等。

班级授课制自创立以来，已有三百多年历史，事实证明它的出现和发展符合社会的需要，对于普及教育、提高教育效率、大面积培养人才发挥了巨大作用，以至于成为教育、教学的一种传统方式。直至今天，世界上许多国家，包括我国，仍把班级授课制作为教学的基本组织形式。

但是，班级授课制也有一定局限性，它强调标准、同步、整齐划一，不利于照顾学生的个别差异和因材施教，不利于学生的个性和内在潜力的充分发展。随着以电脑为标志的信息社会的形成，一些发达国家利用现代科学技术实施多媒体教学，课堂教学任务通过声、光、电来完成，打破了学习时间、空间和学习人数的限制，从而提倡多种教学形式的结合，把班级、小组、个别教学综合运用，以获取更好的教学效果。

从我国目前的经济发展和教育现状看，班级授课制较为适应我国的国情。班级是培养人才的基本组织形式，是学生健康成长、全面发展、成为合格人才的摇篮，是一种特殊的教育环境，因此，我们要使之健康发展，不断完善。

第二节 | 班主任的多重角色

　　班主任是学校中全面负责班级工作的教师，其基本任务是按照德、智、体、美等全面发展的要求，开展班级工作，全面教育、管理、指导学生，使他们成为有理想、有道德、有文化、有纪律、体魄健康的公民。

　　班主任工作的成败直接影响到本班学生的全面发展，所以校长在委派班主任时，一定要选择那些各方面比较优秀的教师来担任，从整体素质上，要求其拥护党的基本路线；热爱教育事业，教育思想端正，工作责任心强；作风正派；有一定的教学水平和组织管理能力。

　　在现实生活中我们注意到，许多家长不仅要选择好学校，而且要选择好班主任。这种现象也说明了社会对班主任在学生成长发展中的地位和作用的认同。

　　从班主任工作的性质和特点来看，班主任的角色定位、作用大致可分为四个方面。

一、班主任是班集体的组织者、教育者和管理者

　　班主任是班集体的培育者，对班集体的形成和发展起着重要作用。儿童从入学开始，就从家庭进入了班级，班级风气的好坏对学生成长的影响是巨大的。一个良好的班集体就是一种教育力量，对于培养学生的集体主义思想、良好的品德和行为习惯，对于发展他们的智力、能力和

个性，促使他们身心和谐健康发展等，都有着十分重要的意义。

然而，良好的班集体不是自发形成的，它是班主任创造性地发挥和辛勤培育的结果。没有他们的辛劳，就不可能出现良好的育人"土壤"。因此，班主任工作的质量直接关系到学生成长的质量和速度，关系到班集体的形成、巩固和发展。班主任是否善于建设班集体是衡量其工作能力的重要标志，也是其素质的综合反映。

实践证明，班主任的思想水平、工作水平、道德水平往往决定着班集体建设的水平，亦会对班集体的教育质量产生根本性的影响。一位优秀的班主任可以通过自己的努力改变一个差班的面貌，使其进入优秀集体的行列，而一位不称职的班主任则恰恰相反。因此，学生、家长和学校领导对班主任都寄予了莫大希望。

二、班主任是学生健康成长的引路人

班主任是学生的启蒙老师。孩子一入学接触到的第一位教师就是班主任，和学生接触最多的也是班主任。大的方面包括学生德、智、体、美的全面发展，小的方面诸如怎样正确背书包、扫地、削铅笔、摆放学习用具等，都离不开班主任的指导。因此，班主任工作是细致的、具体的。学生们在思想品德方面每一点微小的进步，班主任都倾注了满腔热情；学生们在学习上每取得一点成绩，班主任都洒下了辛勤的汗水。班主任用辛勤耕耘来打开学生智慧的大门，引导他们步入人生的征程。

班主任是学生的导师，全面负责学生的思想品德教育，将学生从孩提的蒙昧状态逐步引向理智的人生。班主任担负着重要的启蒙任务，对学生心灵的塑造、知识的丰富、智力的开发、体质的增强以及毕业后的去向，都要呕心沥血，全面负责。

有位班主任将她的工作经验归纳为五条：

（1）希望，对全班每个孩子都提出希望；

（2）信任，师生互相信任，说话算数；

（3）关心，对每个孩子的思想、学习、生活都全面关心；

（4）理解，了解、体谅学生，师生心灵相通；

（5）是鼓励，优化长处，淡化短处，促使孩子向健康的方向发展。

学生的成长需要班主任的培养和教育，尤其在当前改革开放的时代，班主任肩负的担子更加繁重了。新的时代对人的素质发展提出了更高的要求，诸如独立、进取、创新、热情、合作、负责、自信、勇敢、刚毅、效率……改革开放后，学生眼界开阔，见多识广，社会上形形色色的事物、多元化的社会生活方式、道德观念和思想意识等通过各种途径展现在天真烂漫的学生面前，使他们接触到许许多多与其年龄相去甚远的问题，诸如金钱、权力、就业、社会风尚问题等。他们并非一张白纸，而是对许多问题都有了自己的想法和看法。因此，新的形势向班主任提出了许多新的课题，要求班主任不断学习新知识，研究新情况，解决新问题。

三、班主任是学校管理的中坚力量

学校要全面贯彻执行国家的教育方针，实施学校教育工作计划，开展教育教学工作，组织各种活动等，都要以班级为单位来实现，而班级的组织、教育、管理又非班主任莫属。学校工作计划的实施，必须通过班主任把全体学生组织和发动起来，把班级各方面的力量统一起来，从班级的实际出发，抓好班级的思想教育工作、课堂教学工作以及组织开展各种活动等，从而实施学校的教育工作计划。因此，班主任是学校工作计划的执行者，是落实学校各项规章制度的实施者，是学校思想品德教育工作、组织管理工作以及校内外开展有关教育活动的组织者和指导者。班主任的创造性工作，是落实和完成学校各项任务的重要保证。

学校教育计划在班级工作中的实施，是一项教育的系统工程。它要求班主任根据自己班级的情况，精心设计，科学安排，严格管理，有步骤、有计划地实施。教育实践证明：班主任是保证学校教学秩序正常化的基本力量。任课教师不负责任，可能出现乱堂现象；而班主任不负责任，就会出现乱班现象。一个学校哪怕只有一个乱班，整个学校的教学秩序都难以稳定，会对学校的整体工作产生冲击。

事实上，凡是办得比较好的学校，都有一支良好的班主任队伍。班级工作搞得出色，班级朝气蓬勃，学校的各种规章制度都能自觉执行，各项任务都能积极完成，就保证了学校计划的实施。离开了班主任，学校要实施教育计划，促进学生德、智、体、美诸方面的发展，几乎是不可能的。因此，学校工作一大片，抓好班主任工作是关键。

四、班主任是班级教育力量的协调者

影响学生发展的主要因素是遗传、环境和教育。遗传只是提供了发展的可能性，只有通过后天的环境与教育的影响和作用，才能使人得以发展。学生作为社会的一员，他们思想品德的形成，不是学校单方面教育的结果，而是在一定社会条件下，在人们相互间经济的、政治的、思想的、文化的关系和相互交往中，在社会、家庭、学校多方面的教育影响下形成和发展的。只有各种教育协调一致，形成一个巨大的合力，才能保证学生的键康成长。班主任是沟通学校教育和家庭教育的桥梁。班主任要充分利用家长会议、家长学校、家庭访问、家长听课日、接待家长来访等形式，密切学校和家长之间的关系，注重学校教育和家庭教育的双向交流，形成教育的合力。有经验的班主任组织学生开展"请家长说句勉励的话"、"评选家务劳动小巧手"、"自己学当一天家"等行之有效的教育活动，收到显著效果。

班主任要注意发挥好教与学、教与导、师与生的纽带作用，做到既教书又育人。在中小学生中普遍存在一种倾向，认为班主任老师是管他们的。因此，他们上班主任的课纪律就特别好，上其他老师的课纪律就差一些。班主任要跳出自己所教学科的圈子，利用自己接触学生多的有利条件，教育学生尊重所有科任教师，认真上好每位教师的课。同时，

把各个学科的教师团结起来，建立起亲密合作的良好的教师集体。

班主任的协调作用还表现在引导学生参加社会实践活动和协调社会各种教育力量两个方面。组织学生适当参加社会实践活动，如参观访问、社会调查、公益劳动、社会服务、勤工俭学、慰问活动等，使学生从小接触社会，开阔视野，增长知识，开发智力，提高能力，锻炼才干。同时，要充分利用社会上各种活动场所，开展丰富多彩的教育活动，聘请校外辅导员，形成校内外教育综合网络。在整个协调工作中，班主任要把握好不影响正常教学秩序、不使孩子负担过重、注意安全等原则。

以上是从宏观的角度看班主任的角色定位，从微观的角度上来说，班主任的角色有以下几个：

（1）慈母，在生活上给学生以体贴。

（2）严父，在学生成长过程中给予严格教育、管理，教育学生学会磨炼，并在磨炼中养成好的习惯。师生之爱不同于父母之爱，父母之爱是表面的、个性的、直接的、感性的；班主任之爱是理性的、含蓄的，是整体的爱，是大爱。

（3）良师，班主任要用良好的师德影响、教育学生。要做一名品德高尚、知识渊博、富有能力、充满热情的老师，并真心地热爱学生。

（4）益友，要做学生的朋友并指导学生的成长。

（5）法官，班主任要像法官一样公平、公正地对待每一个学生。

（6）表率，敢于要求学生向自己看齐，用自己的良好风范带动、影响学生。

以下是一位班主任对班主任这一角色的心得和体会。

谈班主任的角色扮演

在纵横交错的社会关系网中，班主任自从担任这一角色起，便处在家长与学校、学生与任课教师的交汇点上，这一特点决定了班主任因对象和场合的不同而不断变化着自己所扮演的角色。

1. 学校面前，我就是班集体

"一个好班主任就是一个好班级"，班级的好坏，在一定程度上影响着班主任的形象，不管这一形象是否高大，班主任总是与班级休戚相关，荣辱与共。学校开会时或张榜公布中，我总是特别关注本班的有关考评，总想使自己的班级有个好的形象。就这样，我总把自己和班级等同起来。

平时的管理中，我会明确向同学们讲清学校对我们的要求，和同学们一道制定学习、生活规则。

每逢学校交给任务或活动，我总是和同学们一道共同参与，这样让同学们感受到，班主任和大家紧紧团结在一起。同学们的集体意识增强了，也热爱班集体了。我和同学们一道共同撑起这个"家"。

2. 学生面前，我就是家长

"可怜天下父母心"，我常向同学讲家长们对子女的心情，并常以自己孩子学习、生活给家庭带来的烦恼教育学生。我常以家长的身份关心着同学们的学习、生活，培养他们养成良好的习惯。热天到了，教育他们如何防中暑；冬季到了，提醒他们如何防感冒。我时时让同学们感受到"子女的进步是家长的快乐，子女的健康成长是家长的最大幸福"。

华玲同学父母外出打工，平时寄住在亲戚家，我平时总让她感受到父母的温暖。有一段时间她忧心忡忡，学习精力不充分，耐心教育后，她突然噙着眼泪问："老师，您觉得我会谈恋爱吗?"原来她远在外地的父母有这种担心，打电话施加压力，我明确地回答："我坚决不信，我相信你一定是个有志气的孩子。"并保证向她父母讲清真相，一番谈话，她放下了包袱，轻松学习，以优异成绩被高校录取。

国栋同学成绩差，纪律性不强，由于其父母忙于生计，教育方法不当，父子关系对立，存在严重隔膜，以致其父发誓不再管他了。这位同学逐渐产生厌学情绪，并主动说："老师，谢谢您管教，我打算辍学了。"我耐心诱导，使他终打消辍学念头，坚持读完高中。被大专录取后，他常打电话感谢我给予他父母般的关爱。

学生身体不适，心里有疙瘩，常主动来和我交谈，我总是动之以情，晓之以理，耐心开导，以致妻子常埋怨说："要是用对待你班上学生这样的耐心，来对待我们自己的孩子，那我们的孩子早就考取了。"

3. 家长面前，我就是学校

"校兴我荣"，班主任和家长联系密切，工作的好坏直接影响着学校的声誉。

无论家长来电、来人，我都热情、周到地解答、说明、宣传。我常与家长保持联系，学生生病或有事回家，我适时地多次打电话追踪。由于长期打电话，以至有的家长认为我的手机是公费的，其中有的家长长途电话打通后立即挂断，目的是想让我打他的固定电话。

方萍萍同学无论在学校还是在家，常闹情绪。我去她家家访是经常性的事。去城关高考前的一天，她与家人的矛盾升级到了不可收拾的局面，夜晚 11 点多她的妹妹来电，向我哭诉了一切，我在电话里跟她交谈足有一节课的时间，事情才平息下来。第二天，我在城关发准考证时，母女二人都面无血色，双眼红肿，我见面第一句话是："萍萍同学是个好孩子，凭她的实力，今年一定能考上理想学校。"她不负众望，高考取得了 514 分的好成绩。

每当家长反映学校管理、伙食等有关问题时，我义不容辞地解释，决不推诿，决不附和。首先维护学校声望，事后再向学校反映有关情况，常以主人翁的姿态向学校献计献策。

4. 任课教师面前，我就是该班学生

平时在与任课教师的交往中，我积极主动地联系着每位任课教师，使之形成一个有机的整体。我总是虚心听取各任课教师对班级的意见，并努力做到让他们满意。有时老师们因为忙，我会主动替他们照看班级；老师们需要给同学们加班补课，我会毫无怨言地奉献自己的课时。

每次测验结束，我会及时从横、纵两方面作出比较总结，并向老师们提供有关情况，供老师们参考。

去年我班文综、数学两科相对兄弟班级优势不明显，我就把一年来的语文早读奉献给文综，并每周让出一节语文课来补数学，功夫不负有心人，今年高考文综、数学都取得了较好的成绩。

每个学生都是一个生动的故事，每个班级更是一部曲折动人的乐章，在社会的大舞台上，班主任是导演，更是身份不同的扮演者。我嘴笨口拙，不能从理论的高度来审视、管理班级。以上只是个人工作中的一点真实感受。

班主任要扮演这么多角色，每一个角色都很重要。心理学家称班主任的角色是"弥漫性"的。班主任的角色模糊可以分成两类，一类是班主任本人对某种角色缺乏认识，不知道自己还有这样一种角色任务，没有这样的自我期待，这是一种角色缺失。第二类是班主任知道自己该扮演某种角色，能自觉扮演，但是他对这个角色的内涵理解不准确，或者不知道这个角色的内涵已经因时代不同而发生的变化，他还在坚持原来的角色内涵，这也会造成他的自我期待与班主任工作客观需要的落差，形成角色模糊。班主任只有克服盲目性，增强自觉性，下决心搞清现代教育对班主任的角色要求，一步步进入角色，才能成为一个有水平的、快乐的班主任。

在实际工作中，常常要求班主任迅速从一种角色转换到另一种角色，这时班主任必须善于控制自己的思想感情，机动灵活地选取适当的角色。角色转换是一种教育机智，是需要学习的本领。提高角色变换能力，也是班主任的一个重要学习任务。

第三节　从知识引导到精神关怀

　　班主任工作最根本的性质，是一种精神劳动，即我们常说的"精神关怀"。

　　"精神关怀"这一术语来自英国，原指教区的牧师或主教给予教区内教民的关心与帮助。现在，"精神关怀"一词的使用超出了宗教范围，被英国、澳大利亚、新西兰、新加坡等国家用作精神教育的一个术语。对学生进行"精神关怀"，是以人为本的教育本质的规定，是教育人性化的表现。它反映了班主任教育劳动的性质，即班主任所从事的是以心育心、以德育德、以人格育人格的精神劳动。

　　首先，班主任要学会精神关怀。精神关怀内容广泛，其中关心、理解、尊重、信任是关怀情感的基本表现，也是学生基本的精神需求。作为班主任，要学会关心、理解、尊重、信任学生。关心与理解是紧密联系的，在关心中获得理解，理解学生才能善待学生；关心以尊重为前提，也是尊重的表现；信任也是尊重的一种表现，对学生尊重、期待与信任会给他们带来愉快的体验。

　　其次，精神关怀是学生成长的需要。学生的成长过程是身体发育和精神发育的过程。学生的精神发育需要一个稳定的、适宜的、和谐的环境。学生成长过程中出现的心理偏差，需要精神关怀去发现和矫正；学生的心理创伤，需要精神关怀去抚平。目前，就家庭教育来说，存在着过分重视物质需要、对孩子学业期待过高和对学校教育过分依赖等现象；就社会教育而言，存在着成人追求多元化、成人社会教育意识缺失等问题。这些问题，给学生带来了难以回避的负面影响，对学校教育提出了更高的要求，学生对精神关怀的需求显得尤为突出。

再次，精神关怀是班主任专业化的需要。精神关怀不仅是班主任专业劳动的核心内容，更是班主任专业化的核心内容。从外在的、日常教育活动的层次看，班主任的工作是组织、教育、管理班级学生；从内在的深层次看，班主任是学生的精神关怀者。班主任要关心学生的全面发展，而关心学生的精神生活和精神发展是其核心部分。

蹲下来看学生

很多时候，我们会感到学生的所作所为与我们的想象格格不入，于是我们埋怨、责怪学生。其实，距离的产生是因为我们站得太高，离学生太远。

曾经看到这样一个故事：妈妈带着五岁小宝宝逛商场。商场很热闹，人来人往，熙熙攘攘，孩子却突然拽着妈妈的衣服，一个劲地说害怕，哭闹着要回家。妈妈很奇怪，蹲下身来，想抱起孩子。就在这时，她突然发现使孩子害怕的东西了——腿，那一条条大人的腿不停地从孩子眼前晃过。孩子眼里全是腿，难怪他会那么不安。于是，妈妈连忙带着孩子回家。

我想，如果这位妈妈不蹲下来，也许她永远也不知道孩子害怕什么。如果这位妈妈不蹲下来，她永远不会知道孩子眼里的世界和大人有着如此的不同。老师之于学生也是这样。"老师要蹲下来看学生。"蹲下来，你和学生一般高，就容易走近学生，理解学生，与学生融为一体。一位小学教师以他切身的教育体验写下这样的一段话——

"啊！可爱的孩子们！当我蹲下身子，变得和你们一样高时，发现了你们的天真，发现了原本幼稚可笑的东西，并不幼稚，也不可笑。当我蹲下身子，走进你们的世界时，发现是如此精彩，如此奇妙。当我带着浅浅的微笑，真心的赞美，鼓励的眼神，亲切的问候，走进你们的世界时，你们送给我的是享受成功的喜悦！"

蹲下来看学生，学生感受到的是尊重。哪怕面对的是学生的错误，甚至是有些幼稚、荒唐的言行举止，保护好他们的自尊是教育成功的重要标尺。正如前苏联教育家苏霍姆林斯基所言："在影响学生的内心世界时不应挫伤他们心灵中最敏感的一个角落——人的自尊心。""只有教师关心学生的尊严感，才能使学生通过学习受到教育。教育的核心，就其本质来说，就在于儿童始终体验到自己的尊严感。"马卡连柯也说："要尽可能多地要求一个人，也要尽可能多地尊重一个人。"如何处理好严格要求与保护自尊的关系是班主任工作中的一个重要课题。

班主任要成为学生的精神关怀者，要从对学生的知识引导转向精神关怀，从知识本位的教育转向人本本位的教育。班主任不仅要关心学生的学习成绩，关心他们的生活状况；更要关心学生的内心世界，关心他们的情感、情绪及其精神生活。

哲学家雅斯贝尔斯认为："教育过程首先是一个精神成长过程。"确实，教育过程首先是一个精神成长过程，然后才成为科学获知过程的一部分。在应试教育还在顽固地影响人们的选择，学校的课程设置过分强调知识、技能的大环境下，我们尤其要倡导教育的精神关怀。这与基础教育课程改革所倡导的理念是一致的，即让学生在学习知识、技能的过程中，使其情感、态度、价值观得到协调发展。

每个学生都有自己的发展优势。从智力发展而言，教师应该据此提供合适的、具有差异的教育；从精神发展而言，教师应该给学生多一点鼓励，多一点期待，这对学生发展是极其重要的。研究表明，对学生持有良好的期望，会帮助学生克服心理和现实的种种障碍，取得令人吃惊的成绩；反之，以有色眼镜看学生，会对学生产生较强烈的"我不行"

的心理暗示，从而影响学生身心的健康发展。

在班主任的工作实践中有许多成功的做法和经验，如开展奖章评比活动、对暂时落后的学生"借一枚奖章给他"等，这些做法起到了激发学生积极性、自觉性的效果。无论何时，我们应该树立这样一种信念：每个学生都具有发展的潜力，只要为他们提供合适的教育，每个人都会获得成功的人生体验。

尊重学生，承认差异

初一（1）班的班主任生病了，很多同学都给老师发短信，表达自己的心情。其中，最让班主任感动的，是一条来自成绩最差的学生的短信：

"吴老师，让我来看你吧！因为我有四个理由：

第一，您说您家远，怕耽误我们的学习，不让我们来看望您，可是我家离您家只需几分钟，不会耽误学习的；

第二，您说您需要安静休息，可我一个人来，不会吵着您的；

第三，您怕我们花钱，可我不会买什么东西，因为我只会带一颗真诚的心来看您；

第四，如果看到以上理由，您愿意把地址给我，那我就更有理由来看望您了！"

难以想象，一个平时作文写不完整、经常因为成绩问题而被批评的学生能写出如此真挚的话语。其实，是我们忽略了他的存在。他爱劳动，乐于助人，累的苦的事都抢着做。可是，由于成绩不理想，老师和同学都把他定为差生，甚至有些歧视、排斥他。

有时候，我们对那些"宠儿"，即所谓学习尖子生宠爱有加，往往

忽视了其人格的全面发展。而对那些学习有障碍、被当作差生的学生，由于一味地强调成绩而忽视了他们在其他方面的优秀品质和潜能。在教育教学中，我们要承认学生的差异，公平公正地对待每一个学生，使每个人的潜能都得到最大的发挥。

美国著名发展心理学家加德纳认为，每个人都或多或少具有8种智力（诸如言语/语言智力、逻辑/数理智力、视觉/空间智力、音乐/节奏智力、身体/运动智力、人际交往智力、自我反思智力、自然观察智力等），只是其组合和发挥程度不同。每个学生都有自己的优势智力领域，有自己的学习类型和方法，学校里不存在差生，全体学生都是具有自己的智力特点、学习类型和发展方向的可造之才。学生的问题不再是聪明与否的问题，而是在哪些方面聪明和怎样聪明的问题。适当的教育和训练将使每一个学生的智能发挥到更高水平。

因此，教育应该在全面开发每个人的各种智能的基础上，为学生创造多种多样的展现各种智能的环境，给每个人以多样化的选择，使其扬长避短，从而激发其潜在的智能，充分发展其个性。加德纳的多元智力理论为我们树立科学、积极的学生观和评价观提供了重要的理论借鉴。在现实中，我国广大中小学教师在实施素质教育中也总结了诸如"多一把尺子，就多一批好学生"的鲜活经验。

教育是关注人的灵魂的一项事业。没有精神关怀，就没有真正的教育。班主任是一个特殊的教师群体，是学校中进行道德教育的主要承担者，因此必须学会精神关怀，把教育的智慧与艺术贯穿于日常工作的每一个细节之中，培养出全面发展的人才。

第四节 | 班主任角色变化及实现策略

深化教育改革，全面推进素质教育，这是当代中国教育和教育改革的基本指导思想，在新的历史时期，班主任必须充分认识到新时代赋予班主任角色的新内涵，这对于进一步深化教育改革，全面提高学生素质，培养符合时代要求的人才是非常重要的。新时期班主任的角色转换主要表现在以下几个方面。

一、班主任角色由单一型向多元型转换

传统观念下，班主任的角色只是学科教师的一种自然延伸，似乎任何教师只要在自身专业方面有所长，都可担任。这种观念在今天看来显然是片面的。

现代教育意义上的班主任，其角色内涵是丰富的。他们不仅是"学科专家"，而且是"组织者"、"管理者"、"模范公民"、"父母代理人"、"学生的朋友与知己"、"学生人际交往的指导者"、"学生心理健康发展的咨询者"等，而所有这些内涵对新时期的班主任素质提出了新的要求。

二、班主任角色由权威型向对话型转换

传统教育的显著特征之一是教师中心。教师在班级管理中拥有绝对

权威，学生对教师只能听而不问、信而不疑。

　　权威型班主任培养出来的学生固然守纪、顺从，但他们亦步亦趋，依赖性强，独立性差，缺乏主动性、创造性，更谈不上具备时代所要求的创新精神。时代呼唤一种新型的民主平等的师生关系，这就要求班主任抛弃原来的绝对权威，甚至"警察"的角色形象，代之以"对话者"、"引导者"和"生活导师"的角色形象，并不断提高学生在德育过程中的自主性与参与程度。

三、班主任角色由限制型向发展型转换

　　传统教育意义上的班主任在班级管理中经常要求学生"不能……""不要……"，用规章制度去限制学生。这些做法对于学生形成良好行为、矫正不良习惯固然起到一定的积极作用，然而现代教育意义上的班主任则不能满足于此，而应着眼于发展、挖掘学生的潜能。

　　现代教育意义上的班主任不会把学生的失误看得太重，而是与学生一起商讨如何改进与发展，进而去创造；他们对学生不是简单地训斥与限制，而是鼓励其发展与创造。

四、班主任角色由高耗型向高效型转换

　　传统教育意义上的班主任信奉的是"只要功夫深，铁杵磨成针"，对学生的思想品德教育往往不厌其烦地"年年讲、月月讲、天天讲、时时讲"，把班主任本来极富创造性的工作简化为简单的重复劳动，结果耗费了很多时间与精力，但收效甚微。这种班主任被学生称为"高级保姆"。

　　现代教育意义上的班主任则不同，他们能充分认识到班主任工作的创造性与复杂性，把工作重心放在了解研究学生上，根据学生的心理特点采取行之有效、灵活多变、富有创造性的德育方法，用最少的时间、

精力去获得最佳的教育教学效果，实现德育过程的最优化。这也正是当今社会时效观的一种反映。

五、班主任角色由经验型向科研型转换

传统意义上的班主任，其工作往往是以经验为主，凡事从"做"中学。如有的教师根据个人经验认为对学生越严格越苛刻，就越有利于学生的发展，"打是亲，骂是爱"，结果使不少学生产生程度不同的心理障碍，如过度自卑、焦虑等。又如，有的班主任认为对学生越"疼爱"就越利于发挥"师爱"的作用，越能感化学生，结果导致学生的自立能力、承受挫折能力下降。而现代教育意义上的班主任则意识到：经验固然重要，但经验不等于科学，某一教育措施在某一时刻对某一教育对象（或群体）是有效的，但另一时期对另一教育对象可能是无效的，甚至是有害的。因为教育对象是不断变化的，学生是活生生的具有不同个性的发展着的主体。

现代班主任工作是一种艺术性与科学性高度统一的复合体，是教育机智与教育原理的高度统一。在现实条件下我们强调的是掌握教育科学、管理科学，在了解学生心理特点的基础上去教育学生，运用科学的管理理论与现代的教育思想创造性地指导班级工作，努力使自己成为一名"科研型"的班主任。

在新时期，班主任要实现角色转变，可以采取以下策略。

（一）更新教育理念

1. 树立以创新精神和实践能力的培养为价值取向的教育理念

美国心理学家格齐伊认为："明日的文盲不是不能阅读的人，而是没有学会学习的人。"未来的发展，人的创新能力将会受到空前重视，善于创新的人将成为知识经济最主动、最积极的力量。因此，在班级工作中实施创新教育，班主任首先要从转变教育观念入手，树立以创新精

神为价值取向的人才观、教育观和质量观，把创新意识、创新精神与创新能力的培养放在班级工作的突出位置。班主任要充分认识到创新教育的重要意义，认真学习创新教育理论，并在教育活动中大胆实践，不断总结创新教育的成果。

2. 树立以"人"为本，关注学生全面、和谐、完美的发展的教育理念

新课程改革顺应世界范围内"以学生发展为本"的课程改革潮流，提出了使学生"在普遍达到基本要求的前提下实现有个性的发展"的目标。

发展个性的理论是素质教育的要求，这就需要教师把学生作为学习的主体而赋予学习的自主性和主动性。新课程要求教师重新思考学生，把学生作为学习的主体来看待，关注学生的全面发展，注重学生的差异，关注学生的情感，尊重学生的人格。作为班级管理者的班主任要看重一个个鲜活的生命个体，看重一个个需要开发的生命个体，并从班级管理中发现生命的保存、延伸、发展和增值，来阐释教育的本质。

3. 树立终身教育观念

未来的社会是一个学习化的社会，终身学习对教育工作者而言更加重要。为了适应现代社会的挑战，为了学生的未来，教师需要不断"充电"。若不学习掌握先进的教育理论、现代教育技术的能力，就不会走出传统迈向现代，就无法顺应现代教育。

班主任应清晰地认识到，教育在历史上第一次为一个尚未存在的未来的新社会培养新人。教育面向未来，首先要有高瞻远瞩的意识，培养人才要着眼于社会未来以及个体发展的思想品德素质、道德情感素质、意志素质，使他们具有广泛的可持续发展性，从而培养适应变化快、自主能力强的"未来人"。教师自身不仅要具备终身学习的能力，更应该在教育教学中培养学生终身学习的能力，让学生热爱学习，掌握学习的方法，树立终身学习的观念。

（二）提高自身素质

1. 思想道德素质的提高

古人说，"其身正，不令而行；其身不正，虽令而不从"，一语道破"身教"的重要意义。班主任教育学生，不能只靠知识和说教，更要靠人格与道德威望，这是一种无形的力量。

教育者的人格与其道德风貌，对学生的意识和人格的形成，对学生良好道德行为习惯的养成，都将起着决定性的作用。吕志范老师说："教师职业需要你永远拥有一颗火热、诚挚的童心；永远保有一双公正、诚实的眼睛；永远操着健康的、心口如一的语言；永远想着给学生新鲜圣洁的思想。"这段感人至深的话，体现出人民教师一种崇高的人格。这样，班主任才能真正成为学生心中永不磨灭的人格楷模。

2. 专业技能的提高

知识的广博程度、专业技能水平的高低将在很大程度上影响着班主任工作的开展。班主任在班级管理中取得成绩的大小与学生对班主任综合素质的认知水平有着直接关系。学生对班主任的认知内容包含班主任的学历层次、专业技能以及科研成果等信息。一个班主任若能在班级管理工作中渗透进一些本专业发展的前沿概况以及学生如何在教学中不断拓展自己的知识面、更新知识结构、取得科研成果等内容，将在学生追求知识的过程中起到良好的引导、鼓舞和调动积极性的作用。

（三）加强班级管理

新课程理念下的班级管理是提倡自主化的班级管理。所谓"自主化"是指在规范、法律规定的范围内，不凭人为的外力作用，主动按照自己的意志活动。

"自主化班级管理"是指在创新教育理论的指导下进行的教师自主管理班级、学生自我管理自主发展的以培养创新性人才为价值取向的教育管理实践。因此在日常工作中，班主任角色的转变要立足于挖掘学生

的潜能，相信学生，放手让学生去做自己的事情，形成以"学生自主为主，班主任参谋为辅"的管理模式，让学生在实践中去掌握知识、发展能力。

　　总之，在教育发生历史性转变的今天，教师不仅要教好书，更要育好人。作为班级灵魂的班主任更是责无旁贷，要转变教育观念，重新定位自己的角色，教学生学会学习，学会做人，学会生活，把学生培养成具有创新能力的有用人才。

第二章
培养素质与能力

　　"世界上最好的系统是引向成功的。"如果把班级作为一个系统，决定班级教育系统优劣的正是班主任，是班主任的素质。所以，未来社会对班级教育的要求，归根到底是对班主任的要求。无论是教育观念的更新，还是教育内容、教育方法的改革都取决于班主任的工作、班主任的态度。因此，班主任要满足社会发展与育人的需要，必须具备一些基本素质。

　　教育家夏丏尊说过，教育没有爱，犹如池塘没有水，没有爱就没有教育。班主任对学生的教育其实是爱的教育。班主任的"爱心"对教育好学生显得极为重要，富有爱心是对一名班主任最起码的素质要求。班主任对学生的爱是一种复杂而高尚的精神境界，这种爱是由班主任老师的理智感、美感和道德感凝聚而成的一种高尚的教育情操，内容上表现在班主任深入细致地了解学生，真心实意地关心学生，充分尊重、信任学生，严格地要求学生等。当然，这种爱并不是对学生一团和气的爱，如果班主任不与学生保持一定距离，可能导致学生对班主任的要求不执行或执行不力，良好的班风无法形成。

　　除了师爱，班主任的素质与能力还包括道德素养、人格魅力、能力素养等方面。班主任的素质是教师在育人过程中稳定的必备的职业品质，是班主任职业形象、育人知识与育人能力的综合反映。班主任工作的特点，决定了班主任素质的多样性。同时，班主任素质有着特定的社会性，是个动态的概念。随着社会的不断变化，班主任的素质也在不断丰富和充实，不断具有新的内涵。

第一节 | **师爱是教育的灵魂**

　　根据北京市中学生通讯社的调查资料，学生评选最佳班主任的条件是：精明强干，讲课精彩；讲信用，说到做到；能把同学的困难当做一件本职工作去解决；和同学同乐，常与同学一起参加课外活动；不挖苦、不讽刺同学；信任同学，放手让同学去做事，愿意承担责任；能体察同学心理；与同学谈话和蔼可亲。

　　在中学生"最希望从班主任那里得到什么"的调查中得到的第一答案是"信任"，第二答案是"平等"。在中学生就"你尊敬的是什么样的班主任"的调查中，回答是：①关心学生；②课上得好；③办事公正。在"喜欢什么样性格的班主任"的调查中，回答也集中在三点：①和蔼可亲；②精明强干；③幽默风趣。

　　而另一项学生对教师的角色期待，中学生喜爱的教师具有以下特质：

　　（1）知识渊博，有学问；

　　（2）教学效果好，语言生动，方法灵活，引人入胜；

　　（3）待人和蔼可亲，容易接近；

　　（4）对工作认真负责，对同学严格要求；

　　（5）关心尊重同学，富有同情心；

　　（6）处理问题实事求是、公正合理；

　　（7）说到做到，言而有信；

　　（8）有自我批评精神；

（9）善于发现同学的长处，经常给人以鼓励；

（10）举止文明大方，有风度。

小学生喜爱的教师具有以下特质：

（1）像妈妈一样关心、爱护学生；

（2）态度亲切、温和，不爱发脾气；

（3）办事公平，不偏爱哪个学生；

（4）严于律己，以身作则；

（5）知识渊博，什么都懂；

（6）会讲故事，爱跟学生一起玩；

（7）说话算数，不出尔反尔；

（8）不随意拖堂，不用主课代替副课；

（9）谦虚好学，实事求是；

（10）不爱向家长告状。

上述学生的各种看法，反映了他们对教师，尤其是班主任的期望，班主任应该具有崇高的品质、特殊的人格魅力，才能对学生产生强大的影响力和吸引力，才能赢得学生的信赖和尊敬。

班主任要做好班级工作，要使全班学生自觉主动地学习，健康活泼地发展，成功的经验有千万条，但有一条是共同的，也是最基本的，即必须从"爱"出发。人们常说，没有爱就没有教育，爱是学生健康成长的原动力。这正是班主任长期工作实践的总结。

爱是照亮学生心灵的灯烛，是通往学生心灵的桥梁，是打开学生心灵的钥匙。只有从爱出发，才能坚持以表扬为主，正面教育为主；从爱出发，才能不怕反复，循循善诱，耐心帮助，以理服人；从爱出发，才能发现埋藏在后进生心灵深处的求知上进的火种，因势利导地把它燃成熊熊烈火；从爱出发，才能小心地爱护，精心地培育他们自尊心的嫩芽，使之发枝吐叶，开花结果。

爱有广义与狭义之分。班主任的爱是广义的，班主任对学生的爱不是个人的狭义的偏爱，这种爱立足于国家、社会、学校、家长的重托。

它不但要求班主任把爱撒向每一个学生，沁入每个学生的心灵；而且要求其爱无时不在，无处不有，无微不至。

班主任的爱是多层次的。他们的爱，要求以严为脊梁，以柔为外表，否则其爱就会变得脆弱、苦涩或冰冷。班主任爱学生，要体现在尊重学生不同的性格、志趣上，不对任何教育对象偏袒、歧视，既严格要求，又不能采用生硬的教育方式。他们必须懂得理解和尊重是更深层次的爱，懂得发脾气是无济于事的，应该不埋怨、不训斥、不放任、不调和，温和里透出坚定，慈祥里显出严格。

班主任的爱要求出于诚，传于神，言于情，止于理；要求其爱不是暴风骤雨，而是随风潜入夜、润物细无声的绵绵春雨。

班主任的爱表现在对学生的强烈责任感之中。他们在学生出现缺点时，先自责而不是他责。作为班主任，不允许对学生存在偏见，但允许对后进生存在偏爱。

班主任应有宽厚容忍的风度，不计较个人恩怨，不纠缠历史旧账。善于团结、爱护和教育反对自己的学生，敢于使用有独立见解的学生。班主任必须心正、言正、行正，待学生宽，待自己严，对学生循循善诱，对自己的缺点绝不宽容。只有这样，学生才能得到你真诚的爱，爱才能真正成为学生成长的阳光和雨露。

爱学生、爱事业是每位教师必须具备的品质，也是每一位班主任做好工作的心理基石。实践证明，爱不仅仅是一种教育方法，也是滋润人心的巨大力量。班主任真挚、纯洁、无私、高尚的爱能产生巨大的感召力、推动力，激励学生的上进心和自信心，促进学生智力和个性的健康发展。

师爱是教育的基础和前提

有一个学生叫小伟，因父母长期不和，无人管教，导致性格怪僻，喜怒无常，经常打架，在课堂上闹，不服老师管教。

那一年暑假，家属区就议论开了：津南村有个淘气的学生，该读初一了，哪个班主任摊上就倒霉了。我怀着一份好奇心，到处打听这个学生到底是谁，名气这么大。开学的前一天，我看见操场上有几个男孩在踢足球，真有个男孩像人们所说的小伟。因为在这之前，我就拿到我班所有学生的档案，他这么出名，当然他的照片我要多留神了。于是我走过去打听，果然是他。

我说："你知道吗，我是你的班主任。"他说："听说了。"接着我又说："以前的一切都忘掉，从现在起，你是一个新生，一切都以新的面貌开始，你除了喜欢踢足球，还喜欢别的体育项目吗？"他回答道："还喜欢短跑，曾经在校运会上获得过第三名。""那么就当体育委员吧，再组织一个小足球队，我负责给你们联系比赛。"这次谈话就这样结束了。

出乎意料的是，就这么两三分钟的谈话，居然对这孩子以后的成长起了巨大的作用。谈话的当天晚上，他这么小的孩子却失眠了，怎么也睡不着。他想：这个老师太好了，这么看重我，一定要好好干出个样来，给那些瞧不起我的人看看。

初一到毕业，3年中我见过他父亲两次，母亲一次也没见着，她从不来开家长会。有一次家访，他父亲说："这个娃儿完了，不可救药，只好让他烂下去。小学时，每次到老师办公室就像斗地主一样，所有老师都在告状，数落这小孩，我们当家长的，也没脸面，各种方法都用尽了，用皮带抽，绑起来打，有一次还威胁他，再捣蛋就绑着推下'杨公桥'，可他仍然屡教不改。"

由于这个孩子倔强得很，一下子改好也是办不到的。我始终对他动之以情，晓之以理，尽我的全力，从生活上关爱他。

初一下学期时，他的爸爸突然消失了，成群结队的人到他家里要账，把他妈妈惹烦了，也出去鬼混，只是每月给他买 50 元钱的饭菜票。他经常一天只吃两顿或一顿饭，而他吃得特别多，那点儿饭菜票根本不够。冬天，毛衣也没有，冻得直哆嗦，我就把他接到我家，在我家吃饭，给他厚衣服过冬，晚上守着他做完作业再让他回家，以此来弥补他失去的母爱。

这孩子的确很争气，从初二开始，成了我最得力的小助手，工作做得有声有色，每次运动会，我无须过问，他一手包干，学生也服他，同事都羡慕我培养了一个这么得力的班干部。

毕业考试，他考上了高中，但由于找不到父亲，母亲拒绝再负担学费，他只好放弃。第三年工厂里招工，我拿了 40 元钱给他报名参加考试。当时有近 100 人参加考试，只收 10 人，他考了第一名。工作后，他坚持自学高中课程，到成人高考补习班补课，考上了电大工业管理专业，圆了他的读书梦。现在已在某厂当干部。毕业后他经常抽空看望我，前年得知我要搬家的消息后，他立即找了班上几个同学，连续两个星期下班就来，从头到尾我没有一点儿插手的机会。他们说："覃老师，你要怎样布置，只要开口说一声，一定让你满意。"好多同事都羡慕不已，有的甚至对我说："你的这些学生比亲儿子还好！"

就在小伟同学这个班，还有几个家庭破裂的学生，与继父继母的关系很不好。这些小孩几乎心理变态，他们总觉得世界上的人都很坏，没有"爱"可寻。

针对这种心理，我经常把他们组织起来，和他们一块儿爬山或到沙坪公园去玩儿。我每次都把几斤面拌成凉面，带上佐料，一个 8 磅水瓶，一大张塑料布，一边走路一边给他们做工作，教会他们怎样爱自己的亲生父母，正确处理与新家庭成员的关系，多关心同学。我还通过家访，把学生的困惑讲给家长听，并希望家长多给这些孩子一点关爱，协调他们之间的关系。

有一个学生的母亲是农民，继父掌管家庭经济大权。小学六年时间里他从未参加过需要花钱的集体活动。每次我们班外出春游秋游，我都主动为他出一半的钱，再号召全班同学多出几角钱，使这个同学很受感动，他改变了以往对班集体漠不关心、对同学冷淡的态度。

这些学生都顺利地考上了高中。1996年8月，该班的全体学生在宴宾楼包了4桌酒席，为我操办40岁生日庆典。最远的学生从桂林专程赶回来，觉都没睡，没有回去看父母，直接到我家，那热闹的场面，让酒店里的老板都感动，他也主动来为我敬酒，并对我说："老师真光荣。"饭后，大多数学生告别了，当年最调皮、最让我操心的一个学生专门租了6辆小车，陪着我到城里兜了一圈。还有一个调皮生，参军后第一个探亲假，下火车已是深夜了，父母接他时，他却执意要来看望我后再回家。

老师，请不要轻易说"爱学生"

听过很多先进教师的事迹报告，看过很多先进教师的典型材料，诸如"我爱我的学生，胜过爱自己的孩子"，"我把全身心的爱献给了那些可爱的学生"之类的句子（或主题），经常会见诸其中。

我们很多教师都会以爱的名义解释自己的众多行为。当你站在那神圣的讲台上时，全班学生的一举一动尽收眼底，忽然，两个学生在窃窃私语，或许他们正在讨论"这个问题怎样回答更合理"，或者"这道题怎样解更简单"。可是你的眼里绝对"容不进沙子"。于是，你一声大吼："你们在干什么？"全班学生用惊恐的眼神望着你，你的吼声完全震慑住了学生，你为自己的成功而沾沾自喜。你非常自信地认为，这是为学生好，这是爱他们，你的学生肯定也会爱你的。可是，你和学生渐渐疏远了，这是心理的疏远，学生不再和你说悄悄话，甚至在放学的路上不愿意遇见你。

你有爱的能力吗?

爱是一种能力。每位老师都会以"爱学生"自居,可并不一定每位老师都具备爱学生的能力,而这种能力的具体体现就是"让你爱的学生爱你,并同时喜欢上你的学科"。光你爱学生是不够的,你要让你所爱的学生也爱你,要形成爱的"互动",这才是完整的爱,才是完整的教育。可这并不是一件容易的事,是任何声嘶力竭的吼声和严厉的训斥所达不到的。李镇西面对班级内"课堂纪律差、教室卫生差、学生对集体漠不关心、班里的鸡毛掸子经常被人弄断"的情况并没有怒斥,而是用近乎悲哀的语气对学生说:"同学们,我对你们太失望了……我呕心沥血,换来的却是……"大部分同学哭了,几天之后,班里的面貌焕然一新:教室被同学们粉刷一新,纪律变好了,多了三根崭新的鸡毛掸子(此事例引自李镇西著《追随苏霍姆林斯基》)。简单的几句话,打动了学生的心灵,让孩子自己认识到错误并改正错误,这是教育的机智,这更是一种爱的能力的具体表现。

爱学生就要尊重他。

爱学生就要尊重学生,尊重学生的人格,理解学生的要求和想法,理解他们的幼稚和天真;用充满爱的眼睛欣赏学生。即使是成绩最差,行为最随便,经常犯错误的孩子,他们也有自尊,他们也要"面子"。苏霍姆林斯基在他的著作中不厌其烦地讲述尊重学生的重要性:"年轻的朋友请记住,这是一种非常脆弱的东西,对待它要极为小心,要小心得像对待一朵玫瑰花上颤动欲坠的露珠,因为在要摘掉这朵花时,不可抖掉那闪耀着小太阳的透明的露珠。要培养自尊心,只能用温柔教育的手段。自尊心是不允许采用粗暴的、'强有力的'、'凭意志的'手段的。"(《给教师的100建议》)

"爱,写出来是一个字,思考起来是一片海,奉献出来是一团火。"当"爱"泛滥成灾的时候,我们都要问一问自己:你真的爱学生吗?你有爱的能力吗?并且要记住:爱学生就要尊重他!

老师,请不要轻易说"爱学生"。

第二节

班主任的道德素养

要使学生得到全面发展，管理者本人就需要有良好的职业道德素养。

首先，班主任的职业道德素养制约着他本人获得知识的深度与广度，影响着其管理技能的发展，对于班主任的管理活动起到了方向定位的作用。

其次，班主任的职业道德素养也制约着学生群体和个人的发展。中小学生可塑性很大，往往根据自己的好恶做事，是非观念还不很鲜明，需要班主任在思想上加以引导。在处理班级学生的问题时，班主任的职业道德素养水平决定着问题的处理手段与方法。

最后，班主任的职业道德素养制约着学校教育目标的实现程度。学校的总体教育目标是由班级工作目标、学校管理目标、后勤工作目标及人事工作目标等一个个分支目标构成的，所有这些目标都围绕教学活动来运作，班级教育教学活动起着形式的承载作用，而班级管理则是教育教学目标实现的外部环境的承载。班主任的职业道德素养，在不同程度上决定着班级的既定方向和总体教育目标的实现。

由于教育对象相同、教育任务重叠，班主任的职业道德素养与中小学教师的职业道德素养应该是一样的，中华人民共和国教育部 2008 年颁布的《中小学教师职业道德规范》是其主要内容。

一、爱国守法

爱国守法是班主任工作职业的基本要求。倡导"爱国守法",就要求班主任做到:热爱祖国,热爱人民,拥护中国共产党的领导,拥护社会主义;全面贯彻国家教育方针,自觉遵守教育法律法规,依法履行教师职责和权利;不得有违背党和国家方针政策的言行。

二、爱岗敬业

爱岗敬业是班主任工作职业的本质要求。倡导"爱岗敬业",就要求班主任做到:忠诚于人民教育事业,志存高远,勤恳敬业,甘为人梯,乐于奉献;对工作高度负责,认真备课上课,认真批改作业,认真辅导学生;不得敷衍塞责。

三、关爱学生

关爱学生是班主任师德的灵魂。倡导"关爱学生",就要求班主任做到:关心爱护全体学生,尊重学生人格,平等公正对待学生;对学生严慈相济,做学生良师益友;保护学生安全,关心学生健康,维护学生权益;不讽刺、挖苦、歧视学生,不体罚或变相体罚学生。

四、教书育人

教书育人是班主任的天职。倡导"教书育人",就要求班主任做到:遵循教育规律,实施素质教育;循循善诱,诲人不倦,因材施教;培养学生良好品行,激发学生创新精神,促进学生全面发展;不以分数作为评价学生的唯一标准。

五、为人师表

为人师表是班主任工作职业的内在要求。倡导"为人师表"，就要求班主任做到：坚守高尚情操，知荣明耻，严于律己，以身作则；衣着得体，语言规范，举止文明；关心集体，团结协作，尊重同事，尊重家长；作风正派，廉洁奉公；自觉抵制有偿家教，不利用职务之便牟取私利。

六、终身学习

终身学习是班主任工作专业发展的不竭动力。倡导"终身学习"，就要求班主任做到：崇尚科学精神，树立终身学习理念，拓宽知识视野，更新知识结构；潜心钻研业务，勇于探索创新，不断提高专业素养和教育教学水平。

第三节 | 班主任的人格魅力

俄国教育家乌申斯基曾说:"在教育中,一切都应以教育者的人格为基础,因为只有人格才能影响人格,只有人格才能形成性格。"班主任的人格对学生有最具体、最直接、最深刻的影响。

许多年轻班主任总是希望能一下把那些优秀班主任的经验学到手,能为自己所用,殊不知单纯的模仿只能是形似而不能神似,只能学其表而不能及其里,只有植根于教师高尚人格这块沃土上,那些优秀的经验与思想才能绽开绚烂之花。因此,班主任的专业成长必须先从完善自身的人格做起。

(1) 如果你习惯于睡懒觉,就不要责怪孩子总是迟到;

(2) 如果你没有认真备课,就不要责怪孩子在你课堂上的无精打采;

(3) 如果你不善于表达自己的爱心与情感,就不要责怪孩子的冷酷与无情;

(4) 如果你总是戴着有色眼镜看学生,就不要怨孩子与你越来越远;

(5) 如果你总是对生活充满怨气,就不要指望孩子身上能焕发出生命的活力……

人格是人的社会性的集中体现,它带有职业的烙印,不同的职业有不同的人格特征和模式要求。

班主任人格包括优良的情感及意志结构,具有主体意识,不依附于他人或单位；合理的心理结构，能自省，勇于自我解剖、自我批判、自我超越，重视生命价值，保持健康的生活方式和平衡的心态；良好的道德意识，崇尚民主法制，具有社会责任感，主动参与社会事务；稳定的个体内在行为倾向性，崇尚科学，实事求是，不迷信书本，不慑服于权威；讲求效率，重视技能，具有敬业精神和集体主义精神。

班主任不仅是知识的传授者，更是思想教育工作者和道德示范者，是学生成才的引路人。他们的人格模式要求应当先于、优于和高于其他行业的人格模式要求，应该是全社会的表率。

从班主任人格的内核分析来看，班主任人格的主体结构由下列因素构成：

智慧力量——具有超群的智慧、理性的自觉，眼界开阔，心灵开放，乐于接受新事物，不断补充新知识，思维发散，具有创新精神。

道德力量——具有高度社会责任感和道德约束力，并为之坚持不懈地努力。

情感力量——具有强烈的爱憎分明的情绪反应和态度。

意志力量——过人的克服内心障碍的自制力和坚韧性，不因循守旧、安于现状，具有进取精神和竞争精神。

审美力量——对美的事物具有敏锐的感悟力、穿透力和执着追求的精神，重视精神生活，自觉地追求美。

这五个方面互相协调、互相促进，形成一个和谐互动的有机整体。

班主任的人格修养的养成并不是一朝一夕的事情，也不是一蹴而就、一劳永逸的事情，不能毕其功于一役。班主任必须具备打“长期战”的准备。所谓“活到老，学到老，修养到老”，就准确反映了人们对人格修养长期性的深刻认识。许多优秀班主任的成功事例充分说明，只有长期不懈地严格要求自己，进行自我教育和自我提高，才能最终形成良好稳固的人格品质，散发出独特的人格魅力。

人格魅力一旦形成，就能成为取之不尽、用之不竭的教育资源，如花朵绽放，清香四溢；如清泉流淌，清新扑面。哪怕一个眼神、一个暗示，都会形成人格魅力的磁场，让学生感受到截然不同的教育氛围：一种让人轻松的教育氛围，一种让人解除戒备和不满的氛围，一种让人为自己的偏执和鲁莽感到惭愧的氛围，一种让人敞开心扉、乐于沟通的氛围。这种氛围正是班主任工作成功的基础。

我的初中班主任

初中3年是我人生中的转折点，在这3年中，我学到了许多东西，同样也为我以后考上省重点中学打下了坚实的基础。我很感谢每一位教我的老师，当然最应该感谢的是我的班主任——王靖。

也许是第一届带班没有经验，她经常组织班委开会，了解班里的情况，而且每一天都会在一天的课程结束之后，对当天我们的学习与工作作总结。她家离学校很远，差不多一个小时路程，但无论是刮风下雨还是我们补课到多晚，她都会等我们，就算没有发生什么事情她也会留下来和我们聊聊，时不时地鼓励我们。

为了与家长有很好的沟通，她自有一套方法。我们每个人都有一本"家庭联系本"，每天她都会写下每一个人的表现，当然有好也有坏，而且要求家长签字。这个方法也许很麻烦，可是这样做让家长及时掌握了孩子的情况并与老师有了联络。

在课上她是老师，在课下她就是大姐姐，完全没有老师的架子，很随和，和我们一起玩。最让大家喜欢的是，有事和她说，她绝对会像朋友一样帮你保守秘密，而且热心帮你解决困难。

说她是大姐姐一点没错，因为她在我们面前会生气也会哭。有一次，她留我们全班下来背书，留了很久大家很不耐烦。她很着急，可是似乎时间久了大家了解了她的脾气，况且私下里和她相处得非常融洽，

于是大家就不太认真去背书，拖了很久还是没有人去背给她听。

那次她真的很生气，她很用劲地把门带上就出去了。她的举动把我们都吓到了，平时看来很温柔的她，生起气来也很吓人，没有人敢再说什么。最后，我去办公室把她请了出来，全班给她鞠躬道歉。当时她哭笑不得，不过经过这么一吓很快大家都背完了书。

因为是班长，所以我与她接触的时间比其他同学要多得多，我们私下里是很好的朋友，她有什么都会告诉我，我们之间无话不说，经常打电话聊天。有次她打电话给我聊了快两个小时，那一次她哭了，我感觉到她的无助，很心疼她。班级里那段时间不是很平静，一件事接着一件事，把她压得很累很累，她不知道该怎么处理才好。她没有把我当成一个小朋友或者说是学生，我和她共同研究了很久，对班上的情况一一作了分析，最后想了不少的方法去处理一些琐事。

在她的带领下，我们班从一个普通班变成了一个优秀的班级，无论在学习上还是在其他方面，我们都比其他的班要出色很多，她自己在不断地摸索，从中得到了收获，但我们每一个人都知道她为我们付出了太多太多。

第四节 | **班主任的知识素养**

在信息社会，中小学生的信息吞吐量越来越大，思维越来越活跃，好奇心和求知欲强烈，涉猎的领域比较广泛。班主任要努力做一位上知天文、下知地理的百科全书式的学者型教师。具体来说，需要具备以下知识。

一、广博的科学知识

班主任应努力做到学生知道的班主任都知道，学生谈论的话题班主任都能提出自己的见解，不管是足球、游泳、射击等体育领域的知识，还是"超女"、"快男"、歌星、影星等娱乐领域的知识，飞船、卫星、飞碟等航天领域知识，QQ、传奇、摩尔庄园等网络领域的知识，导弹、坦克、潜艇等军事领域的知识……当然，这种要求对班主任来说有些高，但是，应作为班主任的努力方向。班主任应该尽可能地懂得更多领域的知识，只有这样才能够更好地、有理有据地、科学地教育管理学生。

二、精深的专业知识

我国的中小学班主任都是由语文、数学、英语等任课教师兼任的，管理好班级的同时，更重要的是要上好课。班主任要真正全面、系统、深入地掌握所教学科的知识，懂得自己所教学科的过去、现在和未来的发展状况。

精通专业知识的班主任在学生中的威信一般比较高，班主任应该对所教学科有较高的造诣，要全面系统地钻研本专业的业务知识，通盘了解，广泛涉猎，做到既能深进去知其然，又能跳出来知其所以然。班主任不仅要掌握本学科的基本概念、基本理论、基本规律等知识，而且还要了解所教学科的专业发展趋势和改革动向，捕捉本学科的最新信息，走在学科发展的前沿。

三、扎实的教育科学知识

教育科学知识是班主任的方法论，主要包括教育学知识和心理学知识。

教育学知识主要包括教育基本理论、课程论、教学论、教育评价等，具备了这门学科的知识，班主任就可以比较系统地了解教育目的、原则，掌握教育教学过程的基本规律及课程、评价等方面的基本理论，并从理论上和方法上掌握"怎么教"的问题，运用教育规律，根据教育内容，结合学生实际，选择切实有效的教育途径和方法，达到最佳的教育效果。

心理学知识包括心理现象、心理过程、个性心理等方面的基本知识、基本规律，具备了这门学科的知识，班主任就能够比较系统地把握中小学生心理现象发生、发展的基本规律，敏锐地体察中小学生的心理变化，科学地分析与解决中小学生思想、生活、学习上的实际问题，提高教育水平。

四、系统的管理科学知识

管理班级是班主任的一项非常重要的工作，要科学、合理地管理班级，班主任需要掌握管理科学的相关知识。

管理科学的知识主要包括管理的基本理论、基本知识、基本规律等，具备了这门学科的知识，班主任就能够准确地把握班级管理中的内在必然规律，以科学而系统的管理理论指导自己进行班级管理实践活动，有效实现班级管理目标，使班级管理的育人功能得到充分的发挥。

五、基础的音、体、美知识

中小学班主任在班级管理中需要组织学生参加文艺晚会、大合唱、运动会、广播体操比赛、球类比赛、书画比赛、办黑板报等活动，班主任只有具备音、体、美方面的基础知识、基本技能，才能够得心应手地开展上述各项活动。

1. 音乐知识

懂得基础乐理知识，能够认识简谱、五线谱，视唱练耳知识扎实，具备基本的舞蹈知识，合唱指挥能力，基本的编导能力，懂得一门乐器。

2. 体育知识

掌握体育锻炼、运动训练与竞赛的基本理论与方法，如：队列的基本知识与技能，田赛、径赛的基本规则，足球、排球、篮球、乒乓球等球类比赛的基本规则，学校常规体育比赛项目裁判的基本知识与基本技能，基本的体育保健知识等。

3. 美术知识

掌握基本的色彩基础知识、装饰艺术，各种美术作品基本的鉴赏能力，构图知识，简笔画基本知识与基本技能，良好的粉笔、钢笔、毛笔的书法水平，基本的审美素养等。

班主任的能力素养

班主任的能力素养具体来说包括以下几个方面。

一、了解研究学生的能力

了解研究学生是教育学生的前提。班主任了解学生的能力主要体现在两个方面:

(1) 直接了解的能力。即班主任在与学生的交谈及日常交往中,留心学生的心理和行为变化;同时,班主任应通过深入学生生活、参加学生活动、跟班听课等多种途径,形成对学生自然观察的能力。

(2) 间接了解的能力。班主任要善于与各任课教师联系,通过家访或查看学生各种资料等把握学生的学习、生活、交往及心理发展的动向,对学生进行全面、科学的分析和评价。这种了解和研究要比一般教师更细致、更深刻、更具体,以加强班级管理工作的针对性与实效性。

在了解研究学生过程中,班主任应把对群体的理解和研究与对个体的了解和研究结合起来,把共时的了解和研究与历时的了解和研究结合起来,把静态的了解和研究与动态的了解和研究结合起来。这就要求班主任要掌握观察法、谈话法、调查法、资料分析法等多种了解和研究学生的方法。

二、组织管理班级的能力

班主任面对的是一个班集体，在集体中进行共同的教育活动，需要对学生进行组织、领导、监督和协调。因此，班主任应具有组织管理班集体的能力，能善于确定班集体的目标和计划；善于在各项活动中发现积极分子，选择品学兼优的人担任班干部，以形成集体的核心；会做班集体成员的人际协调工作，组织领导班级的各项集体活动；善于运用各种评价体系、反馈体系，随时随地对班集体工作进行有效管理。

三、协调班级人际关系的能力

班主任是班级的核心和领路人，既要对学生的思想品德、学业成绩、理想信念等各方面负责，又要对来自学校、家庭、社会等多方面的教育影响进行全面协调。因此，班主任要协调好各任课教师的力量，使各科教师的影响形成教育合力；要善于协调班级里团、队组织的力量，帮助他们制定工作计划，使之与班级工作协调配合；要善于协调学生家长的教育力量，使家庭教育成为学校教育的有力补充；要善于与校外机关、团体、企业等建立经常性联系，将学校、家庭、社会各方面的教育力量拧成一股绳，并发挥学校教育的主导作用。

四、应用网络信息技术的能力

现在的中小学生大都喜欢上网，网络为他们打开了外面广阔的世界。但毋庸讳言，包罗万象的网络也是一把双刃剑，在扩大他们视野的同时，网上的有害信息也逐步侵蚀着学生的思想，影响到他们正确人生观、价值观的形成。如有的学生分不清网络中的真实与虚假，把一些未经证实的消息到处传播；有的学生沉溺于网络的反动、暴力甚至色情的

内容而不能自拔等。因此，对学生进行网络信息阅读指导显得尤为重要。

作为班主任，要不断加强自身学习，提高应用网络信息技术的能力，从而能够指导、教育学生正确应对网络信息。不仅要学会提取信息，还要学会用正确的观点去分析信息、辨别是非、去伪存真、分清精华与糟粕，以便更好地利用网络信息资源，使学生养成健康上网的良好习惯。

五、生动艺术的表达能力

一个合格的班主任应具有良好的表达能力，因为出色的语言表达不仅是教学的必需，更是开展班主任工作、组织集体活动、对学生进行思想教育工作以及与学生交往所必不可少的。掌握语言表达的技巧，有助于班主任顺利开展工作。班主任应具备的语言表达能力包括：

（1）科学、严密、准确，并富有感染力的口头表达能力；
（2）规范、通俗、条理清楚、符合逻辑的书面表达能力；
（3）和谐自然、协调得体、端正大方的体态表达能力。

六、教育应变能力

在班主任工作中，许多事件的出现往往带有偶发性，需要班主任迅速作出判断并及时采取适当的解决措施，这种能力在教育理论中被称为教育机智。教育应变能力要求班主任在瞬息之间正确地估计形势，抓住最佳教育时机，运用最有效的方法，因势利导，取得最佳教育效果。这一方面要求班主任讲究教育分寸，恰到好处地对偶发事件采取措施并考虑学生的心理承受力；另一方面要求班主任充分考虑教育性原则，对事件处理本着教育当事人及集体中的每一个同学为目的，使学生从中得到启迪和教训，进而更加完善整个班级的工作。

七、教育创造能力

创造力是指在原有知识经验基础上构建新思想、新方法、产生新成果的能力。学生创造力的培养有赖于教师和班主任创造性的教育。班主任的教育创造力是在以班级工作为核心的教育、教学活动中形成的，是各种教育、教学能力的高度综合，也是班主任能力发展的最高境界。具有教育创造力的班主任，其工作方式应具有个性，形成独特的教育风格，体现出科学性、思想性、艺术性的完善统一。

八、教育研究能力

这是指班主任在进行教育工作中，从事教育理论的探讨，对班级工作进行总结、评估，并进行教育教学实验的能力。班主任工作具有很强的科学性和艺术性，每一个班级及班级中的每一个学生都具有自身的特点，需要班主任进行反复的研究，并使之上升到理论的高度，从具体的工作经验中得出抽象的具有普遍性的原理。教育研究能力的形成，既是班主任自我发展的高层境界，也是搞好班级工作的有力保证。

第三章
重视心理健康及其教育

　　21 世纪是充满竞争的世纪，勇于探索，善于竞争，敢于创新是对人才规格的新要求，这些品质无一不与良好的心理素质密切相关。现代社会生存环境日益复杂，激烈的竞争，错综复杂的人际关系都将加重人的心理负担。因此，中小学教师和学生的心理健康问题越来越引起人们重视。

　　学校开展心理健康教育研究，根据学生心理发展状况，有计划地对学生心理施加影响，使学生保持积极健康的心理状态，培养良好的心理素质，是时代发展的必然产物，是实现素质教育目标的重要途径。

　　班主任由于自身特殊的位置，对心理健康及其教育更应引起重视。一方面，班主任对学生全面健康地成长起着重要的作用，只有心理素质高的班主任才能培养出心理健康的学生。班主任要保持自身的心理健康，学会享受生活，以健康的心态引导学生。另一方面，班主任要开展心理健康教育，即在班主任的日常工作中，自觉地有意识地运用心理学理论和技术，帮助学生提高心理素质，有效地解决学生中的一系列成长中的心理问题，从而帮助学生形成良好个性品质。

　　在班主任的成功之路上，从事心理健康教育，是一个崭新的课题，同时，对于培养全面发展的高素质的人才又有着十分重要的不可或缺的战略性意义，是对班主任的严峻挑战。

第一节
班主任的心理素养

对健康的含义最具权威性的阐述，是世界卫生组织在 1948 年成立时通过的宪章所规定的："健康不仅仅是没有疾病和不虚弱，而是一种躯体、心理和社会适应的完美状态。"也就是说，健康不仅是身体健康，而且还指心理健康。

人的心理怎样才算健康，以什么作为健康的标志？这是一个非常复杂的问题。因为心理健康和不健康之间并没有一个绝对的界限，它不像躯体健康，如体温、脉搏、血压、肝功能等那样明显，通过各种检查把结果综合一下就可以知道。对于什么是心理健康，目前在学术界仍存在一些争议，有的学者强调心理健康的客观标准，认为具有良好的身体、良好的品德、良好的情绪以及良好的社会适应能力等就是心理健康；有的则强调心理健康是一种主观感受。关于心理健康的测量指标有很多，如情绪和情感、主观幸福感、自尊、一般健康状况、生活满意感等，那么，究竟什么指标最能够反映心理健康的本质和核心呢？这个问题在国际上并没有统一的认识。不过，已有许多心理学家根据自己的研究和对不同行为表现的观察，提出了各种观点。

我们先来了解一下经典的心理健康标准。

一、马斯洛自我实现者的模式

马斯洛是美国心理学家，人本主义心理学的主要创始人之一。他的

"自我实现"理论在心理健康问题的理论研究中最系统，也最具有影响力。马斯洛通过对心理健康水平出众的人的跟踪观察和综合研究，提出了自我实现者的心理健康模型。这一模型现已成为人们经常引用的心理健康的标准。其特征如下：

1. 良好的现实知觉

自我实现者对世界的知觉是客观的。他们较一般人更能准确、充分地知觉现实，对现实采取客观的态度，而并非按自己的欲望和需要来观察世界。与此相反，心理不健康的人则是以自己的主观方式去认识世界，他们总是试图用自己的愿望来要求世界，一旦愿望与现实不统一时，他们就会产生忧郁、焦虑、恐惧和愤怒。

2. 全面接受自然、他人与自己

自我实现者能够接受事物的自然规律，接受别人、自身以及自然的不足和缺憾，而不会为这些缺憾所困扰和感到羞耻或内疚。他们既能够按本来面貌承认自己的一切，又能够宽恕他人的缺点，接纳别人。

3. 自发、坦率、真实

心理健康者完全不存在装假的情况。他们行为坦诚、自然，没有隐藏自己或伪装自己情绪的企图，除非当这样一种直率的表现会伤害别人时，才会把这种表现暂时控制起来。他们有充分的自信和安全感，这足以使他们真实地表现自己。

4. 以工作、事业为中心

对自我实现者来说，工作并非真正的劳苦，而是他们快乐的中心。他们对工作具有强烈的责任感，与常人相比，他们工作起来更刻苦、更专注。

5. 有独自和自立的需要

自我实现者不依靠别人来求得安全感和满足，他们一般都喜欢独处，以便对事情进行思考、分析和比较，进而寻求到更为合理的解决问题的方案。他们并不是害怕别人，也不是有意要逃避现实，而是为了在减少干扰的情况下，更好地解决问题。

6. 功能发挥自主

自我实现者有强烈的自主性和独立于环境、文化的倾向性。无论在什么样的环境中，他们都能独立自主地发挥思考的功能，并具有自制的能力。即使在遇到挫折、受到打击的情况下，也依然如此。

7. 愉快体验常新

自我实现者对于某些经验，尤其是审美体验，有着奇特而经久不衰的欣赏力。例如，一次郊游、一首歌曲、一个笑脸等，不论怎样经常重复，都可以使他们持续保持新鲜、愉快的体验。

8. 有神秘的高峰体验

高峰体验可使人们体会到强烈的醉心、狂喜和敬畏的情绪。处于这种情绪之中，人们会感受到极大的力量、自信和决断的意向。大部分人虽然也曾有过高峰体验，但远不及自我实现者的多。对于自我实现者来说，即使是平淡的日常生活，在其看来也是无限美好、不可言喻的，他们常常为此陶醉其中。

9. 社会兴趣强烈

自我实现者对于人类有强烈而深刻的情感，具有同人类共福祸的意识。

10. 人际关系深刻

自我实现者具有很强的处理人际关系的能力，他们对别人可以产生更强烈、更深刻的友谊和更崇高的爱。他们的朋友数目不多，同伴圈子也很小，但他们真诚地相信，所有的人基本上都是好的，都是善良的，是非常值得自己去爱的。他们对爱的理解是，爱是完全无私的，给予爱和得到爱同等重要。他们能够像关心自己一样，关心所爱者的成长与发展。

11. 具有民主的性格结构

自我实现者对人不存有偏见，他们常常赞赏别人的优点，愿意听取别人意见并向其学习，尊重他人的独立性与特异性。对他们来说，社会阶层、受教育程度、宗教信仰、种族或肤色，都是丝毫不重要的，重要的是应该向一切能够教给自己知识的人们学习。

12. 处事幽默、风趣

幽默感是一种对荒诞的、不合理的和自相矛盾的事情进行评说的能力。自我实现者能够以一种诙谐、风趣的方式，将人世间的荒诞和不协调现象恰当地表现出来，即使是在逆境中，也不失其幽默感。这种幽默并非有敌意，而且，他们从不将此用于有缺陷的人。运用幽默感是一种在紧张状态下达到心理放松的有效手段，有益于心理健康。

13. 富有创造力

自我实现者不管做什么事情，都以一种创造性的方式来对待，从不按照自己或别人已经做过的成功经验来做。这种创造力泛指对外界的感知和反应方式，而不是专指科学艺术的创造。

14. 反对盲目遵从

自我实现者不喜欢"人云亦云"。他们能在不违背团体意愿的原则下，保持自己的个性，有个人独立的意见，有判断是非、善恶的能力，对人不作过分的阿谀，也不过分追求社会赞许。

二、罗杰斯的机能发挥者理论

罗杰斯是继马斯洛之后，人本主义阵营中最具号召力的美国心理学家。罗杰斯认为，机能健全者就是心理健康者，一个自身机能充分发挥者应具有以下五个特征：

1. 乐于接受一切经验

机能健全者能接受来自任何方面的经验，他们不去歪曲或掩饰这些体验，也不害怕这些体验。这种态度使他们的个性更加充实，思想更为深刻，行动也更趋灵活。

2. 时刻保持生活充实

机能健全者很少有防卫心理，能够不断接受各种新经验的影响。他们的个性对于发生在他们生活中的每一件事都是开放的。

3. 充分地相信自己

机能健全者较为依赖对情境的感受，而不怎么依赖理智或智力的因素。他们往往依照瞬时的和直觉的冲动来行动。这使得他们在行动中具有了很大的自发性和自由性。

4. 充分的自由感

机能健全者相信，自己的命运把握在自己的手中，而不是由别人和过去的一类事件来决定的，在生活中应努力按自己的目标坚持去做，这样才能体现出一个人个性的完整和价值的尊严。这使得他们在行动上具有了较多的自主性和选择性，不在他人意愿的支配或束缚下行动。

5. 无条件地关注他人

机能健全者以无条件尊重他人和关注他人的态度建立人与人之间的真诚关系，为个性完善的发展创造一个宽松而和谐的环境，进而发展自己的创造性。机能健全者力图在其所做的一切事情上，都创造性地表现自己。

三、奥尔伯特的"成熟者"模式

奥尔伯特是美国哈佛大学著名心理学家，也是人格特质理论的创始人。在奥尔伯特看来，"成熟者"就是那些具有较高心理健康水平的，健康个性不受无意识力量的控制，也不受童年心灵创伤或冲突的控制。他相信，心理健康者的功能发挥是在理性和意识水平上进行的。他认为影响心理健康的因素，主要是那些现实生活中正在发生变化和起作用的因素。奥尔伯特提出，健康心理有六个特征：

1. 自我意识广延

心理健康的人是生活的直接的、主动的、完全的参与者。他能够把自己推延到自身以外的兴趣和活动中，这种推延包括真正投入同某些人的关系，真正投入对自己有意义的某些事情中。一个人所投入的活动涉及的人越多或观念越深刻，其心理健康水平也就越高。

2. 良好的人际关系

心理健康者有对他人表示关怀、亲密与爱的能力。这意味着，他们能够同别人发生真正的相互作用，对任何人都能表现出温暖、理解和亲近。心理健康的人还具有领会痛苦、热情、恐惧和失败的能力，这种能力可以使他们能容忍别人的不足与缺陷。

3. 情绪上的安全感

心理健康的人在情绪上没有不安全感，他们在内心可以接纳自己的一切，包括自己的缺点和弱点，并在生活中努力尽其所能，竭力改善自己。他们不受个人的情绪支配，能耐受挫折、恐惧和不安全的情绪冲击。他们能够找到迂回达到目标的或替代目标的途径，设计出各种不同的没有阻碍的道路。面对困难，他们能以更加成熟的人生态度去把握心理平衡，去处理忧虑和紧张。

4. 知觉客观

心理健康的人能够准确、客观地认知现实，且能实事求是地接受现实。一个人在认知时总是在歪曲现实，有时甚至失去同现实的接触，那么，这就是心理变态的一种表现。

5. 具有各种技能并专注于工作

心理健康的人应具备各种技能，而且能全身心地投入某种工作，高水平地胜任自己的工作。

6. 内在统一的人生观

心理健康的人能着眼于未来，有长期的奋斗目标和工作计划，对工作有使命感。心理健康者的价值观倾向具有一贯性，他们能将价值观与其人生观和具体目标相统一。

以上这些经典的心理健康观点，在一定程度上较好地反映了时代对个体发展的客观要求，其思想主流从历史的角度来考察，具有明显的积极意义。

心理健康是一个不断变化的状态，为了使自己保持心理健康，班主任应当努力提高自己的心理素质。心理健康素质是素质的一部分，指个体内在的、基本的和相对稳定的心理品质，它影响甚至决定着一个人的心理健康状态。心理健康素质是在一定先天条件基础上、在后天学习中逐渐形成的，中小学班主任应当带着教师的使命积极主动地、有意识地优化和提高自己的心理健康素质，培养良好的心理品质。

良好的心理品质为班主任工作时提供有利的心理环境，使之寓教于情，选择良好的教育方法，从而在对学生进行人格影响，特别是促进学生心理健康方面起到主导作用，提高班级管理的质量。

班主任作为中小学教师，其健康的心理素养包括以下内容。

1. 正确的角色认知

对班主任角色认同，热爱教育工作，勤于班级管理，能积极投入到工作中去，将自身的才能在教育工作中表现出来并由此获得成就感和满足感，并免除不必要的忧虑。

2. 有良好和谐的教育人际关系

班主任良好的教育人际关系在师生互动中表现为师生关系融洽，班主任能建立自己的威信，善于领导学生，能够理解并乐于帮助学生。

3. 正确地了解自我、体验自我和控制自我

能根据自身的实际情况确定工作目标和个人抱负；具有较高的个人教育效能感；能在班级管理及教学活动中进行自我监控，并据此调整自己的教育观念，完善自己的知识结构，做出更适当的行为；能通过他人

认识自己，学生及同事的评价与自我评价较为一致；具有自我控制、自我调适的能力。

4. 能真实地感受情绪并恰如其分地控制情绪

由于班主任劳动和服务的对象是人，因此情绪健康对于班主任而言尤为重要。具体表现在：保持乐观积极的心态；不将生活中不愉快的情绪带入班级，不迁怒于学生；能冷静地处理班级管理中的不良事件；克制偏爱情绪，一视同仁地对待学生；不将家庭中的不良情绪带入工作中。

作为班主任，应该明确地认识到：心理健康内涵的核心是自尊。

所谓自尊，是指个体对自己的一种积极的肯定的评价、体验和态度。学者们考察了大量文献后发现，自尊是心理健康的核心。因为自尊与心理健康各方面的测量指标都有着高相关。例如，自尊可以反映人们的生活满意度，高自尊的人往往有着积极向上的情绪，对世界的看法也比较乐观，等等。

从心理健康的深刻和稳定性的要求来看，自尊比情感更适合作为心理健康的指标。对于班主任来说，这也许是一个很重要的认识。师德的核心是师爱，要求班主任对每一个学生都有师爱，但在现实中要做到这一点，有时不是靠人的感情和意志能办到的。但有一点是班主任必须做到的，那就是尊重学生，不伤害学生的自尊心，尽一切力量维护自己和他人的尊严。不仅如此，班主任要重视对学生自尊心的培养，因为学生如果自尊就可以成为自强、自立、自信的年轻一代，成为一个真正的人。

第二节 | 调节心理矛盾与压力

人们一直生活在两种压力中，一种是作用于躯体的物理压力，如大气压、地心吸引力、心脏压力等，这些压力维持生命形式。另一种是内在的精神压力，如生存竞争的压力、对危险与死亡的恐惧、人际压力、情绪与情感的压力等，这些压力保持人的警觉（清醒状态）和合适的行为模式。

我们把压力反应分成三个方面：①生理反应，出现压力以后，常常出现疲劳、头疼、气闷、耳鸣；②心理上的反应，如焦虑、紧张、情绪低落、注意力下降、记忆力下降；③行为反应，如吸烟次数增多、爱发脾气、对子女教育不如以前关心等。

教师的心理压力是指教师在一定的工作环境中，个体目标受到长期、持续的威胁而产生的一系列生理、心理和行为反应的过程。

压力就像一把双刃剑，必须辩证地看待，既要看到其消极影响，也要看到其积极方面。如果教育不存在压力，教育工作的积极性就会大打折扣，但是如果压力过大或过于持久时，便会给教师带来苦恼，使教师产生生理、心理问题以及行为失调反应，甚至在日常活动中产生焦虑、心悸、神经衰弱、消化不良、沮丧、注意力不集中、自我评价过低、工作效率差等现象，使教育工作者不能承受，随之而来的问题就是工作质量与生活质量都会出现严重的问题。

大量研究表明，我国中小学教师的心理健康状况不容乐观，工作压力是导致心理健康问题的主要诱因之一。国家中小学生心理健康教育课题组曾对我国部分省份 168 所中小学的 2292 名教师进行测试，结果表明，中小学教师心理障碍发生率高达 48%，比目前我国正常人群心理障碍的发病率（20%）高了一倍多！部分教师工作繁重，工作量大，学校之间、同事之间的竞争激烈；学生素质参差不齐，家长对教师的期望过高；长期接触未成熟的青少年，社会交往太少等，都加大了教师的心理压力。而且，相比其他任课教师，班主任的心理压力更大。

有关调查资料显示，班主任与其他人群比，心理健康水平偏低。这是与班主任的工作性质分不开的。班主任有多重角色身份：他们既是学生的老师，具有权威性，是领导者和管理者；又是学生的朋友和亲人，具有平等互助的关系。在工作岗位上，班主任要随时进行角色转换。与此同时，还要处理好与家长、任课教师、领导及家里人等多方面的交往。所以，班主任经常会出现心理矛盾冲突。

班主任经常出现的心理矛盾有以下三个方面：

1. 普通人与榜样的矛盾

从来没有人像班主任那样长期置于广大青少年的监督之下。班主任在学生面前要随时注意规范自己的行为，做学生的榜样，可是他们又都是普遍人，由于要加倍严格自律，不能自由表达自己的情感，具有文饰性，故精神长期处于紧张状态。

2. 工作的创新性和重复性的矛盾

培养未来人才，必须培养他们的创新意识和创新思维，这就要求班主任工作具有创新性。可是班主任工作中有许多繁杂重复的工作，这种繁杂重复就会使班主产生烦躁、郁闷的心理状态。

3. 工作的责任和自我发展的矛盾

班主任的工作要像蜡烛一样，照亮别人而燃烧了自己。他们不辞辛苦，夜以继日地忙碌着，但因为工作成绩的间接性和置后性（学生的成长不能一蹴而就，立竿见影），很难有成就感。这便会使教师心理不平衡，极易产生烦闷、压抑的心理。

多种的心理矛盾冲突，给班主任增加了许多精神负担，故班主任极易产生心理问题，有的班主任常有身心疲惫、郁闷烦躁、心理压力沉重、情绪低落、缺少信心和快乐之感觉。这种不良心态不但对班主任的身体健康不利，还会严重地影响教育教学的质量，有时还会干扰家庭生活，致使班主任整体生活质量不高。由此可见，对班主任来说，调整心态，学会善待自己是多么重要。

面对学生的挑战

班长××给我送来了第一周班委会记录，我放下正批改的作业，心里想，文科班刚组建，这一批班委是经过多方面征求意见，精心挑选出来的，他们的积极性一定很高，看看对班级管理提了些什么建设性意见。我打开记录本一看，建设性意见不多，倒是一行触目的字映入我眼帘："班主任太厉害，希望她态度温和一些。"我心里苦涩涩的，感到挺别扭："第一炮就向我开火，看来不好对付。"

第二天在办公室，坐在我对面的张老师说："今天在上班的路上，我碰上××，我问她对文科班的印象怎样，她说'我好怕班主任'。"我尴尬地说："是嘛，也不过是要求严格一些。"但心里想，她在向她的老班主任诉苦啦！这样脆弱怎么能当班委呢？上次班委会记录上的那条意见肯定是她提的。

上课铃响了，这一节是自习课，我决定到班上去转转，顺便催生活委员把学费收齐，上交学校会计室。我来到班上，学生一见到我，讲话声戛然而止，我很威严地走到生活委员面前，问："学杂费收齐没有？"

她缓缓地站起身来："我，我……快了，收齐就送去。"我又在教室内巡视了一遍，看着学生都在埋头做作业，就转身离开了。刚迈出门，就听到叽叽喳喳的声音又升腾起来，我回头一看，只见坐在前排的几个学生在向我伸舌头呢！我的心"咯噔"了一下，感到学生和我之间有距离。

第二周，我亲自主持召开了班委会，要求班委会反映班级情况，提出一周内的活动安排，可是会场一片沉默，会议不得不结束。我的心冰凉冰凉的，看来学生们对我敬而远之。

我苦苦地思索着，反复考虑发生的这一切。严格管理、严格要求是正确的，但严不是严在表面上。学生是我们的教育对象，而不是监管对象。实践证明，对学生冷若冰霜，他们就会对你紧闭心灵的大门。

反思后，我重新设计了教育蓝图。首先，我改变了冷冰冰的面孔。我含笑走进教室，温和地回答他们的问题，亲切地和他们交谈。有机会我就组织他们外出游览，寻访古迹，一方面陶冶他们的情操，一方面让他们了解祖国灿烂的文化。在游览中，我注意照顾个小体弱的学生，并和他们共进午餐。由于接触多了，对他们自然产生了一种爱，情不自禁地关心起学生们的大小事情，帮助他们排忧解难。

通过一系列的感情交流和心灵的撞击，学生们向我靠拢了，对我敞开了心扉，有悄悄话也愿意对我讲了。

师生关系融洽后，我感到一股"爱"的暖流在班级里流淌，由于把教育融解在"爱"的情感里，所以学生们积极回应。这种教育产生了巨大的感召力和推动力，它不仅激发了学生积极向上的热情，而且影响着学生的智力和创造力。此后，我在班上开展工作得心应手了，往往是不令而行。

学生都是班级的主人，班委会更是我的得力助手。在我的建议下，他们组织"智力比赛"，组织"新闻发布会"，组织宣传组、演唱会。我们班在校内各项比赛中总能获得名次。有一次班上组织元旦联欢会，学生们发挥出了很大的创造性。他们不要我做参谋，说一切布置妥当后再来叫我。当夜幕拉下时，我进入教室，啊，简直是一座彩色殿堂！室内灯管全裹上彩纸，中间是一棵松树，五彩缤纷的彩带由上飘然而下。晚会节目有小品、相声、歌曲，连平时沉默寡言的学生也参加表演了。当晚会进入高潮时，灯光熄灭，点上烛光，在吉他声中，大家轮流诵读自己的元旦贺词。

故事中的老师奉行"严师出高徒"的管理原则，结果出师不利，遭到从班委会到普通学生的抵制，使他"心里苦涩涩的，感到挺别扭"。面对这种尴尬的局面，这位老师没有去怨恨、痛斥学生，而是开始反思自己的教育思想和过程，并且采取一系列亲近学生、建立融洽师生关系的措施，结果扭转了局面。从整个过程来看，这位老师遇事能多从自己方面找原因，多用积极的建设性的姿态处理问题，说明他不仅工作经验丰富，职业道德修养好，工作能力强，而且心理健康，因而避免了犯那种"工作方法简单粗暴"的错误。

班主任在努力工作，积极向上，尽心做好本职工作的同时，还应该学会调节心理，关爱自己，做一个善待自己的班主任。

一、保持平和心态

班级管理意味着竞争，特别是平行班多的班级，这种竞争更为激烈。纪律卫生、各种活动、班级成绩等，所有这些有形或无形的评比，都给班主任造成了巨大的思想和心理压力。班级管理争强好胜，力争第一，这是许多班主任共有的想法。这种想法无可厚非，但是，当我们经过努力，成绩仍然不理想或不令我们满意的时候，应该持有怎样的心态？除了寻找差距，继续努力工作以外，切不可使自己处于一种压抑、低沉、萎靡、失衡的状态之中，一定要调整好心态。李镇西老师说："做最好的教师，是一种平和的心态，也是一种激情的行动；是对某种欲望的放弃，也是对某种理想的追求。"其实，细想一下，第一只有一个,有些第一我们永远是拿不到的。例如学校运动会比赛,因为学生自身素质和条件所限,有的班级永远不可能拿到好的名次,更不要说拿第一了。这种情况下无论我们怎样去积极争取,去拼搏努力也是不可能的。这就告诫我们要面对现实,不可盲目自信,妄自尊大,不要过于在乎第一,突出自我。

班主任工作固然要看结果,但更重要的是要看工作的态度,看工作的过程,要善于在这个过程中,发现自己的成绩和进步,寻找自己的成功和快乐,要明确认识过程有时比结果更重要,更精彩。只要工作努力了,尽心了,问心无愧了,又何必太去在意结果呢?在工作上要宠辱不惊,得失不乱,学会自满,知足常乐,乐观积极。这应当是班主任应具备的良好心态和人生理念。歌德说,一个人精神的阴郁和爽朗形成他的命运。命运有时不一定掌握在自己手中,但身体却永远是我们自己的。为了自己,其实也是为了他人、为了工作,我们应当调整好心态。

二、保持理智

现在的学生不大好管,这是事实。有的学生个性独立、叛逆心理比较强烈,顶撞老师、不服从老师管理甚至辱骂老师等恶劣现象时有发生。当发生类似的情况时,班主任切不可莽撞冲动,失去理智,和学生对着硬干。因为人在非理智的时候,智力水平是最低的,有时甚至出现思维短路、意识空白的情况。在这种情况下处理学生,弄不好会出现一些尴尬难堪的局面,非但不利于问题的解决,甚至还会激化矛盾,给自己留下一些不必要的麻烦,影响自己的工作和情绪,这种情况显然也会影响自己的身心健康。成功大师卡耐基说过,如果你认为自己只需要争辩或摆出一副强势的态度就能使他人折服,进而苟同你的意见,那你实在是大错特错了。

不管出现什么情况,班主任都要保持住自己冷静、理智的心态。当学生情绪激动甚至言行出现过激时,更要使自己冷静下来,让学生也静下来反思，进行一下"冷"处理，班主任也可以利用这段时间来平静一下，寻找一下解决问题的最佳办法。一般来讲，学生只要是真正犯了错误，静下来反思一段时间后，他们最后都能够认识到自己的缺点或错误。即使一时认识不到位也不要紧，班主任只要认真平静地帮助他分析一下，学生一般都会悦纳老师的批评教育，最后改正错误的。

其实，学生犯错误实属正常。孔子不是也说过"人非圣贤，孰能无过"的话吗，关键是要使他过而能改。在当今浮躁的社会，学生的学习竞争激烈，课业负担繁重、精神紧张，身体有时又得不到很好的调整与休息，压抑烦躁的心情得不到有效释放，他们的思想、心理、身体、言行等出现一些问题确属在所难免，这是成长期与青春期的正常现象，对他们过分的希望和理想化的要求，显然是不符合客观实际的。因此，作为班主任，要学会善于与学生换位思考，将心比心，理解他们，容忍他们，正确地对待他们的缺点和错误，保持住自己理智的心态，不急不燥，不愠不恼，用平静的眼光看待班级，看待学生，看待一切，把一切都看作是正常情况下的正常发生。

当然，理智并不排除对学生的批评，但这要视具体情况和具体学生而定。一句话，发威不在声高，震慑在乎于理。那种对学生动辄大发其火，简单粗暴的做法，既有损个人形象也有损身心健康，也不利于问题的解决，实在不该为。

三、处理好惩戒

批评教育学生要不要惩戒？这个问题目前中外教育界都还有争议。有些情况下，在有的学生身上，我们的思想教育是空洞乏力的。那种认为爱学生就不能惩戒学生的观点，也许不符合目前的教育实际。

中国青少年研究中心的孙云晓老师认为，适当的惩戒有助于学生的健康成长，无批评的教育才是一种真正的伪教育。李镇西老师对不做值日的学生的做法是，罚他重做值日。显然，这罚做值日就是一种惩戒，这种做法颇有惩戒的智慧，首先，惩之有理。大家认可，被惩学生也不觉得冤屈，罚他重做大家才可以求得心理平衡。其次，惩之有度。没有损害学生的身心健康，这与体罚有着本质的区别和界定。最后，惩之有法。这是一种劳动，方法不过分，学生能够接受，大家也赞同。

实践证明，对于犯了错误的个别学生，不惩戒就不足以平民愤，不惩戒就不足以对其形成震慑，促其改正。这正如马卡连柯所言："凡是需要惩罚的地方教师就没有权力不惩罚。"因此，惩戒是我们不应舍弃的教育手段，我们也大可不必一谈惩戒就变色，就哗然。不过，惩戒是教育学生的最后底线，班主任要注意运用好它，处理好它，用得不好就会对自己和学生双方带来伤害，尤其是心理上的影响。

四、做好压力管理

做好压力管理是每位班主任应该具备的能力。做好压力管理的首要原则是要对压力有所觉察。机体对压力往往有一种天生的吸收—缓冲机制，一般的生活压力会被身体转化成活力与激情。如果一个人生活在流动的、不停变化的压力丛中，他的机体不仅可以是健康的，也是有饱满能量的。压力过小的生活让人消沉、昏昏欲睡、机体懈怠、思维变慢。但有两种压力可能使机体调节失常：①突如其来的过大压力；②持续不变的低量的压力。觉察压力有三个层次：①稍微过多的压力引发纷乱的情绪；②较大的压力带来躯体的各种不适反应；③过大的压力出现意识缩窄，对环境反应迟钝，身心处在崩溃的边缘。

第二个原则是平衡。躯体与精神两种压力相互关联，躯体压力大，精神压力也会慢慢增大，反之亦然。通过放松来释放躯体压力，精神的压力也在释放。当我们集中心智地工作太久，或者长期处在竞争的状态里，可通过机体的放松来释放内在的压力。而当我们懈怠太久，无所事事的时候，可通过机体的运动来保持精神的活力。

第三个原则是处理压力的技术。如写压力日记、生物反馈、肌肉放

松训练、冥想与想象、倒数放松、自我催眠、一分钟放松技巧等。

　　班主任是学校最忙碌的人，同时也是最应该做好压力管理的人，要学会觉察压力，释放压力，保持平衡，而不是一味感叹劳累，感叹无暇顾及家庭亲人，享受人生。班主任要善于放松自己，享受家庭的温暖与快乐，不要将自己看得太神圣，不要将工作看得太绝对，要知道班主任的生活既不全是工作，也不全是学生，还应当有属于自己的空间和内容。要记住班主任永远是社会中最普通最平凡的人，是人就要懂得生活，懂得工作之外还有美好的生活。

第三节

开展学生心理健康教育

当今社会，心理健康教育被认为是学校中与教学工作同等重要的两大任务之一。心理健康教育是为了提高学生的心理素质，充分开发他们的潜能，培养学生乐观、向上的心理品质，促进学生人格的健全发展。

心理健康教育是班主任工作的重要组成部分，班主任开展心理健康教育工作的优势，大致有以下几点：

1. 从实施心理健康教育最佳人选的角度看

目前中学教育是以班级授课为主要形式，课堂上以传授科学文化知识、培养学科能力为主要任务，心理健康教育的渠道主要集中在班会、各项班级活动、谈心、家访、指导课外阅读中，这些工作的具体实施者就是班主任，所以说班主任是现阶段实施心理健康教育的最佳人选。

2. 从心理问题的发现和解决角度看

班主任是一个班集体的中心、灵魂，无论是教学还是各项活动，无论是在教室还是在校园，班主任忙碌的身影都融入学生之中。班主任肩负着教育、组织、管理、培养、引导、协调等多项职责，与学生接触最多，由于学生心理问题具有较强的隐蔽性，要想透视心灵的窗户去发现它们，与学生距离最近，对学生、对班级最了解的班主任的优势无可比拟。

3. 从解决心理问题的最佳方式看

中学时期的青少年自我意识明显发展，心理处于矛盾和不稳定时期。他们独立性差，自尊心强且敏感，在解决心理问题时必须注意方式方法的可接受性。一些心理问题非常明显的学生常拒绝去精神病院就医，同样，在面对不熟悉的学校专职心理辅导教师时，内心也存在紧张、抵触等情绪，影响心理问题的解决。而以良师益友、严父慈母的角色出现的班主任往往自然地被学生接受，为教育措施的落实提供有利的保障，为心理健康教育的解决创造良好的条件。而且班主任还可以在班集体里为有心理问题的学生创造和谐的小气候，发挥班干部、同学及家长、任课教师的作用，并在教育教学中的选择最佳时机抓住切入点，为学生心理健康教育问题提供全方位的解决方法。

4. 从家长角度看

家长对班主任工作的支持是心理辅导的基本力量。班主任进行心理辅导就要充分运用、调动这一力量。从学生进入学校的第一天起，家长就会对孩子说要听老师的话，要按老师说的做。虽然在家庭教育中还存在着很多问题，但家长愿意按班主任的指导去教育学生，重视学生的心理健康，有意识地培养学生良好的心理品质，这是十分可贵的。

班主任从事心理健康教育，是班主任事业成功之路上一个崭新的课题，同时，对于培养全面发展的高素质的人才又有着十分重要的不可缺少的战略性的意义，是对班主任的严峻挑战。

班主任实施心理健康教育的基本途径如下。

一、以良好的心理素质来影响学生

班主任对学生全面健康地成长起着重要的作用，心理素质高的班主任更有利于培养出心理健康的学生。建立良好的心理素质系统，保持健康的心理状态，才能成功地扮演班主任心理辅导的角色。班主任与学生之间要有良好的感情交流，建立良好的感情关系，彼此才能产生亲近感、认同感，相互间的吸引力也就越大，学生也就愿意与班主任交朋友，班主任对学生的影响力也就越大。"亲其师，乐其友，而信其道"讲的就是这个道理。

无数教育工作实践证明，班主任的工作自始至终是以教师的人格影响学生人格的相互作用过程，班主任工作对学生的成长起着至关重要的影响。俄国教育家乌申斯基说："没有教师对学生的直接的人格方面的影响，就不可能有深入性格的真正教育工作，只有人格能够影响人格的发展和形成。"班主任的人格就是教育的力量。每一个班主任都应充分认识自身人格修养的重要性，足够地重视自身的人格修养，努力地实现人格的提升，用自身的美好的心灵去塑造学生健康的心灵。

二、营造良好的班集体氛围是提高学生心理素质的有效途径

1. 开展形式多样的集体活动

生动活泼的集体活动可促进人际交往，建立团结、合作、友爱、互助的人际关系，体验生活在集体中的乐趣，使不同才能的学生都可以找到表现自己，取得成功的机会，促进身心和谐发展。班主任设计的活动一定要有针对性，即在活动中培养学生的哪些心理品质，设计什么样的活动作为载体来培养学生，班主任要心中有数。

2. 班主任工作要面向班级的每一个学生

在班集体中，通常比较容易引起班主任关注的是少数表现优异及表现较差的学生，作为大多数的普通学生往往因为不需要特别"操心"而被班主任所忽视。从心理健康的要求考虑，这种忽视是不允许的。所有的学生都需要班主任的注意和关怀。事实上，国内外都有研究证明，

表面平静老实的普通学生在心理健康上更容易产生问题。

有利于学生成长的班集体，是面向所有学生的。要使每一个学生感受到班级生活的愉快、和谐，使每一个学生体会到师生关系的民主平等，使每一个学生体验到学习生活的宽松、快乐。

三、以主题班会的形式对学生进行团体辅导

随着班主任对学生心理健康的重视，班会作为班主任疏导教育学生的一种形式，被班主任赋予了新的功能——心理辅导的功能，这种班会也被称为班会心理课。

1. 主题班会具备进行团体心理辅导的条件

进行团体心理辅导的条件是有与之相联系的人或事，或是彼此理解和了解的人。班级是学生最经常活动的场所，同学之间年龄相仿，经历相似，共同的课堂、班主任、科任教师，对一些问题的理解有着这样、那样的共识，所以，同学之间彼此了解、彼此理解。主题班会中班主任和学生的共同研讨所产生的良好氛围，有利于疏导学生心理困惑及矫正学生的不良心态。

2. 班会心理课要以班主任为主导，学生为主体

主题班会前应有所准备，摸清学生的心理发展脉络，加以适当的引导，以确保班会的正确导向。召开班会的过程中，教师要善于发现学生表述时言语和情感上的细微变化，理解学生没说出的深层次意思，寻找学生群体趋向，及时补充自己的计划，以解开学生心中的症结。

班主任利用主题班会对学生进行心理辅导时，首先要认同学生的想法，然后有意识引导，使学生通过积极思考，由学生自己自然地改变原有的不正确观念或想法。但同时必须注意，避免揭露学生隐私，防止出现新的心理问题，班主任要充分调动学生畅谈自己看法的积极性，通过

同学间的互补，使学生放下心理负担。

四、个别辅导

心理健康教育中的个别心理辅导是对学校里一部分需要特殊帮助的学生的个别辅导。人的心理有共性的一面，但更多的则是表现为个别化的一面。前者通过心理教育，而后者就必须通过个别辅导来解决。不论是现在，还是将来，这都是学校心理健康教育中必不可少的组成部分。

个别辅导就是由经过专门训练的心理辅导员与学生在个别关系的方式下，运用心理科学的理论和方法，帮助学生解决心理问题，维护和增进身心健康，促进其适应和发展的过程。其实质是一个助人自助的过程。通过辅导，使来访学生学会以发展的眼光看待当前的困难，增强自我认识与信心，以积极的态度来面对人生道路上的障碍，寻求克服困难的有效办法，最终实现自我完善。它要求辅导员在工作中严格奉行保密的原则、理解的原则、信任的原则、鼓励的原则以及耐心的原则，为来访学生的成长发展提供一个良好的氛围。

一般说来，个别辅导的程序包括了解鉴别、诊断分析、教育干预这三个环节。为达到辅导目的，辅导员要掌握一些心理辅导的技巧，并根据来访学生的自身特点和问题特点，灵活地选择辅导技巧，使之尽可能符合来访学生的需要，成为有效的辅导。

五、心理训练

这是为了培养学生某些技能而设计的训练活动。例如，观察力、记忆力、注意力、意志力、情绪调节等训练。

六、心理学常识讲座

将心理学常识引进中小学课堂，让学生获取一些基本的心理学知识，能帮助他们了解自己、了解他人，有积极的意义。但要注意讲座不能"满堂灌"，也不能把讲座当作学校集体辅导的主要形式，只能是集体辅导的一种补充形式。

教书，更要育人

王某，男，17岁，高中二年级学生，单亲家庭，和母亲一起生活。读高一的时候学习状态很好，课堂上总是踊跃发言，成绩也不错，和同学非常合群，集体荣誉感也很强，非常懂事，因此深得老师、学生的信任；但进入高二时情况就慢慢地发生了变化：先是课堂上、课后几乎没了他的声音，也不再与同学交流，也不再关注集体，成天紧绷着脸，后来作业也不做，课堂上经常睡觉，甚至经常无故缺课，成绩一落千丈。

1. 原因分析

当发现他的变化，我便及时与他的家人联系，在一个星期日的下午我到他家去家访。经过和他母亲的交谈，了解到他的父亲是个极其粗暴的人，在他年幼的时候，就经常受到父亲的打骂，但是，当父亲心情好的时候，又会满足他一切合理与不合理的要求，这就造成了他既胆小怕事又固执任性。进入高二年级时父母离了婚，使他受到很大打击，情感变得很脆弱，心理压力增大，觉得自己在同学面前抬不起头来，干脆就把自己反锁在家里，不去上学，采取有意回避的态度，压抑自己。通过这次家访，我明白了他不上学的原因是受到心理上的困扰：由于家庭的突然变故，他失去原有的心理平衡，变得焦虑不安，感到孤立无助，继而逃避，这是一种高度焦虑症状的消极心境。我认识到若这时候家长和老师若不闻不问，或批评责骂他，不仅不会消除这种不健康的心理，反而会增强这种心理。长期下去，最终将导致他对任何人都以冷漠的眼光看待，更加孤立自己，直至不可救药。

2. 心理辅导和教育的过程

第一步：加强与其家庭的联系，说服其家长要尽到做父母的责任，使他摆脱心理困境。

我认识到造成他心理不堪重负的原因主要在于家庭，因此，我加强与其家庭联系，让其父母认识到家庭教育的重要性和责任感，使这个不完整的家庭也承担起教育孩子的重任。我一次一次地用课余时间进行家访，做好他母亲的思想工作，希望她承认、面对现实，树立起生活的信心，尽量不要在孩子面前哭诉，因为这样于事无补，反而会增加他的心理负担，影响他的健康成长。还设法联系到孩子的父亲，说服他多用一些空余时间回来看看孩子，多关心他，尽到一个父亲的责任，不要因家庭关系而毁了孩子。经过多次推心置腹的交谈，终于使他们接受了我的建议。由于家庭与学校共同努力，孩子的心理发生了微妙的变化，不再逃避，也愿意再跟同学们交往，渐渐地回到学校上课了。

第二步：在师生间、同学间架起爱的桥梁，使他感受到集体的温暖，恢复心理平衡。

开始，他还不愿上学，我去到他家里时，老躲着不见，或是一问三不答。我知道这是防御心理的表现，其实他其内心还是渴望得到别人的同情和关心的，他极需要被爱的感觉。我不急也不躁，以极大的耐心和热情地给他讲班里发生的趣事，讲同学们是多么希望他回到学校，和他一起学习，一起活动。我主动与他接近，缩短心理距离，想用集体的温暖来消除他内心的焦虑和冷漠。同班级同学知道这种情况之后，主动利用放学后的时间，陪他聊天，给他讲讲学校组织的各种各样的活动……慢慢地，他的表情没有那么呆板，渐渐地露出了一丝笑容。此后，他瘦弱的身影也逐渐地出现在教室里。但我并不满足于此，一直寻找让他重新振作的契机。我了解到这个孩子自觉性很强，也很爱读书，即使没来上学的日子，他都能自学。有一天他来上学了，上课时，我提出一个问题，很多同学不会答，竟意外地发现这孩子眼里露出一点笑意，就抓住这个机会提问他。开始，他涨红了脸，讲得结结巴巴的，我用鼓励的眼神望着他，亲切地对他说："老师相信你一定能行的！"结果他讲得很流利，得到了全体同学的掌声，他的脸上也露出了久违的笑容。此后，我还多次为他提供尝试成功的机会，让其体验成功的喜悦和荣誉，增加良性刺激，使他摆脱自闭心理，激发起自信心和上进心。心灵的交往，热情的鼓励，温暖着他那颗冷漠的、失望的心，使他重新回到了班集体中。

第三步：组织主题班会，激发起他对生活的热爱，学会自强，提高自我心理承受能力。

为了使这孩子学会自强，也教育其他学生，我组织了一次主题班会"如何面对困难和挫折"。在这次班会中，同学们热情洋溢地发表了自己的看法：有的说，面对困难和挫折，要像张海迪姐姐那样发奋学习、努力进取，做一个有用于社会的人；有的说，在遇到困难和挫折的时候，要勇于面对现实，不屈不挠地战胜它们，做一个勇敢的人；有的说，只有不畏艰险，勇往直前的人，才是坚强的人……同学们还用精彩的小品、悦耳的歌曲等形式表达了积极进取、自强不息的主题。我细细地观察，发现这孩子的眼圈红了。于是，轻轻地走过去，扶起他瘦弱的肩膀，把他引到会场的中心，说："想说说你的看法吗？"他缓缓地抬起头，清晰地说道："我要从现在做起，面对现实，做一个勇于克服困难的坚强的人……"他的话博得了一阵阵热烈的掌声。通过有教育意义的活动，创设一个宽松有益的心理环境，引导这孩子焕发起对美好生活的热情，增强其克服困难的信心和勇气。

案例反思

1. 我们不能把学生的心理问题当作品德问题来看待

在班主任工作中，我们往往注视着学生学习成绩的高低，品德的优劣，而忽略了对学生全面素质的培养，尤其甚少注意到对学生的心理健康教育，甚至把心理问题当作品德问题来看待，用解决思想问题的方法来解决心理问题。这样做，将使班主任工作的实际效果大打折扣，也培养不出学生对学习与生活的健康和积极的态度。班主任工作的成效，有时是取决于对心理健康教育的认识程度和理解程度。加强对青少年心理健康教育，也是走出传统德育困境的需要。要提高德育的实效性，必须要注入心理健康教育的新鲜内容。

2. 我们要以对孩子终身发展高度负责的态度来重视心理健康教育

在社会发展日趋多元化的今天，人们也受到各种各样的心理困扰。青少年正处于由幼稚向成熟发展的阶段，处于半独立半依赖的矛盾时期，有其特殊的心理矛盾，有成人难以理解的困惑与苦恼。孩子们的许多心理冲突，或被自我掩盖，或被成人忽视，视而不见，置若罔闻，以致不少孩子感到难以获得理解，觉得孤立无助，只好压抑于心灵深处，备受煎熬，任其折磨自己，甚至诱发各种心理障碍乃至心理疾病。现实的严重性，我们不能等闲视之。我们要以对孩子们终身发展高度负责的态度来重视其心理教育，帮助他们增强承受各种心理压力和处理各种心理危机的能力，提高心理素质，以迎接明天社会的严峻挑战！

班主任将心理健康教育与班级工作有机结合，可以及时引导和教育学生，使班级中存在的问题解决于萌芽之中，体现了教育的实效性，改进了班主任的工作方法，开拓了德育领域，提高了德育质量，具有重要的意义。但在具体实践中，也存在着一些不利因素。

一、定势因素

班主任实施心理健康教育，虽然运用心理辅导的原理和方法对学生进行教育，但由于长期以来习惯于常规德育教育，难以突破常规的思维定势，会使班主任的思维活动产生一种惰性，使班主任的工作方法照旧沿袭，严重影响教育有效度，如果不克服定势所造成的弊病，对接纳心理辅导方法和内化其内容会带来意义障碍。因此，班主任要转变观念，提高认识，不断地克服定势障碍。

二、理论缺乏，流于形式

由于班主任对心理辅导的理论和技巧掌握得不够系统和深入，教育实效往往不够显著，对学生中存在的问题缺少预见性，难以有效控制。因此，班主任要重视自身的培训工作，了解心理健康教育的意义、理论与方法。

三、功利因素

一些班主任过于在意个人的评先评优，过于重视所带班级是否能评为先进班级，对学生缺乏爱心，对"问题学生"充满敌意，经常抱怨"现在的学生越来越难教了"，"学生的道德水平不如从前了"，"社会太复杂，教师对学生的影响力无法同外面的各种影响相抗衡"。这些班主任情绪低落，在工作中表现出无力感，对学校没有归属感，对教师工作没有自豪感，看不到工作的意义和价值，把教书当作一种谋生的手段，而不是一项崇高的事业。他们过分关心物质利益，而不重视教师工作本身的社会责任和社会意义。因此不愿意继续学习，不愿意多做工作，恨不得把"问题学生"统统赶出学校。当然，这些都是极个别的现象。

最后，班主任应该善于与学校其他心理健康教育资源合作，共同来提高学生的心理素质。一个好的班主任，在实施心理健康教育时，能充分运用家庭、学校、社会等一切有利于学生心理健康成长的有利资源，对一切有碍于学生心理健康成长的环境，会设法将其对学生的影响降低到最低限度。

第四章
善于合作与借力

班主任责任大，压力大，但并不意味着所有的事情都压在班主任身上，教育好学生是整个社会的责任，而优秀的班主任善于借用各种力量形成教育合力。

班级是由学生、班主任、任课教师以及家长四个要素组成的。如果把班级看作一个教育系统，那么它的各个子系统都需要通过这四个要素去落实，这就需要班级教育体系中的四个要素形成最大合力，即班级教育的合力的最大化，才能真正最大程度地教育好学生，形成良好的班级文化和校园文化，带来班级与学校教育的良性循环。

在新时代，学生和社会的接触越来越广泛，班主任还要善于借用各种社会力量形成教育力量，如何发挥网络的正面作用，与学校、家庭形成教育合力，也是班主任需要思考的课题。

班主任是班级教育的主导，在班级建设中有着极其重要的作用。班主任要做好班级目标的制定、落实工作。

班级目标是班级教育各个要素合力的方向，只有各个要素的力量都朝着同一方向，才能形成最大的合力。所以班级目标是决定班级合力大小的决定性因素。班级目标的落实不仅要落实在每位学生身上，也要落实在每位班级任课教师身上，以及家长身上。首先，班主任要做好学生与任课老师，学生与家长的纽带，带领班级建设的各个要素，落实和贯彻班级目标。其次，班主任要执行好班级的制度。班级制度是保证班级教育教学活动的前提，没有规矩不成方圆。班主任一定要落实好班级制度，保证班级的各项活动得以顺利进行。再次，班主任要提高自身素质，加强自我修养，热爱集体和学习，作为学生参与班级教育教学活动的楷模。最后，班主任要关心班级的每一位学生与任课教师，做到一视同仁，公平对待，形成极强的班级凝聚力及班级教育合力。

第一节

协调各方形成教育合力

对班主任来说，所谓教育合力，就是为了实现教育目标，在班主任的指导下，以班级为基础，协调学校、家庭、社会各方面的教育影响，在教育方向上统一要求，在时空上密切衔接，在作用上形成互补，协调一致，形成的整合一致的教育力量。

学校、家庭、社会这三方面的教育在青少年一代的教育中作用和特点各不相同，不能相互代替，但学校在这"三结合"的教育中应起主导作用。因为学校是专门的教育机构，在培养目标、教育内容、教育方法手段等方面，有着严格规定和制度化的要求，在教育人员整体素质、教育设备设施及图书资料等方面，有着明显优势，所以组织、协调另外两方面的教育力量，在教育合力中充当主力军的重担和责任，自然就落到了学校身上。学校的班级管理工作主要通过班主任来进行，因此班主任在形成教育合力的过程中有着极为特殊的地位。

一、与任课教师形成教育合力

在我国中小学中，普遍开设了一系列的学习科目，除了极少数规模较小、地处偏远的小学以外，各门课程是由不同的教师分科教学的，各任课教师就成为班级中影响学生发展的力量，班级中所有教师共同承担着对学生的教育工作，班主任要协调各任课教师的关系，共同管理好班级，只有班级的全体教师形成凝聚力，才有利于建设健康、优秀的班集体。

著名教育家马卡连柯说过："教师集体的统一是最有决定性的一件事情。就是最年轻、最没经验的教师，如果在统一的、精诚团结的集体里，有很好的、有才能的领导者来领导，那么，跟任何一个与教师集体分道扬镳的有经验的、有才能的教师比起来，要做出更多的事情来。"这充分说明教师群体的协调一致在班级工作中的重大作用，这是任何力量都不能取代的。

任课教师在班集体建设中的作用如下：

1. 言传身教的榜样作用

教师集体是青少年学生在成长过程中最早接触的、最为接近的成人集体，它为学生提供了成人集体的最初榜样。教师集体所体现的团结一致、相互协作的集体主义精神，认真备课、上课、批改作业的敬业态度，关心同事、关心学生的优秀品质，勤俭朴素的生活作风，都在潜移默化地为学生成长做出榜样，形成影响。长期熏陶下，学生就会逐渐形成优秀的个性品质。

2. 齐抓共管的教育力量

一个班级当中，各任课教师共同负责班集体的建设，可以形成一股合力，促进班级工作的顺利开展。有些学生偏科，在不同的科目中表现大不相同，任课教师经常一起交流情况，共同研究解决班级管理和学生问题的办法，集体做好学生的思想工作，有利于及时发现问题、解决问题，从而促进班级每一位学生的健康成长。

3. 一视同仁的友情力量

各任课教师的气质、性格、爱好及所讲授科目各不相同，往往使不同的学生对不同的任课教师产生不同的态度和情感，使一些学生喜欢这一部分教师，不喜欢另一部分教师。各任课教师共同配合，帮助学生克

服亲疏之分，同时对平时不喜欢接近自己的学生加强了解，增进友谊，使学生对任课教师都一视同仁，从而形成教育合力，共同建设好班集体。

二、班主任与任课教师形成教育合力的措施

1. 统一思想认识，明确共同的教育目标

班主任要主动集合各任课教师，统一思想认识，在开学初向各任课教师介绍本班学生的基本情况，分析班级学生的共性和个性特点，使各任课教师及时了解班级学生的情况，明确教育目的，结合本班实际，共同协商制定班级总体的奋斗目标和工作计划，使班集体目标与任课教师的教育教学目标协调一致。

2. 协调各任课教师的教育行为，明确各自的职责范围

班主任要使各任课教师既完成教学目标，又要在自己的可能范围内教书育人。形成集体合力，班主任除了要定期召开班级任课教师会议以外，平时还要注意加强对各任课教师间的了解，防止任课教师之间为完成各自的教学任务而可能出现的矛盾。班主任要尊重、信任、理解每一位教师，做好教师间的沟通与了解、协调平衡工作，正确对待与处理任课教师之间的矛盾，使大家互相理解和支持，共同做好班级的教学和管理工作。

3. 了解任课教师课堂管理情况，协调任课教师与学生间的关系

班主任要注意随时了解任课教师的课堂管理情况，要向学生介绍任课教师的情况，使学生对任课教师有一定的了解，要在学生面前树立任课教师的威信。同时，班主任要注意随时与任课教师交流学生的情况，以利于教师对学生因材施教。任课教师与学生之间常会产生矛盾，班主

任要随时解决任课教师与学生之间可能产生的矛盾，如果需要班主任插手解决，班主任要注意了解问题的真相，在尊重任课教师并保护学生自尊心的前提下，做好任课教师与学生的思想工作。

4. 积极争取任课教师参加班级活动，促进师生交流，培养师生感情

班主任可以有意识地创造条件，亲自或通过学生邀请各任课教师参加本班的各项集体活动，以利于增进师生间的相互了解，密切师生关系，同时增强任课教师对学生活动的指导作用，提高教学效果，巩固班级中教师集体的教育作用。

三、班主任与学校其他力量形成教育合力

1. 班主任与学校领导形成教育合力

班主任要争取学校领导对班级工作的支持。班级教育创新、活动开展，一方面需要学校领导给予经费、场地、时间的支持，另一方面需要学校领导批准。

班主任要争取学校领导参与班级教育活动。班主任可以请学校领导为班级学生作报告、办讲座，也可以请学校领导为班级学生活动做评委。学校领导亲自为班级学生讲话、参与班级活动，会对学生产生其他教师实现不了的教育效果。

2. 班主任与其他班级形成教育合力

为对班级学生形成更好的教育效果，学校的其他平行班级或高年级班级的参与显得很重要。

为培养班级学生的集体主义精神，需要举行班级间的竞赛活动，如班级间的演讲比赛、拔河比赛、纪律比赛、学习比赛等，需要班级间进

行良好的协调。

为提高班级学生的学习成绩和提高班级干部的工作能力，需要班级间的交流与合作。如班级间的学习经验交流会、高年级班干部到班级中进行工作经验交流等，这些活动有利于本班学生的成长。

3. 班主任与学校后勤工作者形教育合力

学校的后勤工作者如门卫、生活老师、公寓管理员、其他工人等对学生的成长都有影响。学校门卫可以防止校外无关人员进校以及对学生进出校门进行良好的管理；生活老师、公寓管理员的工作可以使学生养成良好的饮食习惯、卫生习惯、作息规律等等；绿化工人美化校园、木工修理桌椅板凳、电工修理灯具等，都会对学生形成一定的教育作用。

班主任在班级管理工作中要善于协调上述各种良好的教育力量，对全班学生形成教育合力。

四、与社会形成教育合力

社会教育是指除学校、家庭之外的全部教育内容，包括社会宣传文化教育机构和社会团体、社会组织对社会成员，特别是青少年，进行的各种形式的教育，以及社会大环境对学生的影响。随着社会的进步，我国的社会教育在学生成长中的影响越来越大，社会教育力量是班主任必须依靠的坚强后盾。整合社会教育力量是班主任职责的重要方面，班主任要充分利用社会教育力量，积极发挥它们的教育作用。

五、班主任与社会形成教育合力的措施

1. 班主任要主动加强与社会各有关力量的联系，争取他们的积极配合，共同做好学生工作

班主任可以通过学校的力量，与当地的宣传、文化、教育管理部门，与街道办事处、村民委员会、派出所，与当地工会、共青团、妇联等群众团体，加强联系，经常与他们交流学生的思想状况和学习、生活情况，共同研讨如何开展各项活动，促进学生的成长；班主任还可以与少年宫、文化宫、图书馆、展览馆、影剧院、新华书店等文化教育机构及 SOS 儿童村、孤儿院、老年公寓等慈善机构建立固定联系，开展有意义的活动，提高校外教育效果；还可以请老工人、老农民、退休老干部、解放军战士、交通警察、疾控中心工作人员等各条战线的先进人物担任班级的校外辅导员，加强学生的校外教育。

2. 班主任要组织学生进行社会实践与社会调查活动

班主任可以组织开展寻访英烈活动，参观革命文物，参观改革开放搞得好的企业单位，还可以组织学生进行力所能及的社会服务、公益劳动，让学生在社会实践中得到锻炼和提高。对社会实践活动，一定要认真组织、注意效果，防止表面上轰轰烈烈，实际上并无成效的形式主义。要根据实际情况，灵活安排，可采取集中与分散相结合的方法，适当组织一些集体活动。另外，可以让学生利用假期自己安排活动。每次实践活动结束，要进行认真的总结、汇报、考评，使学生通过实践活动真正能有所收获。

3. 班主任要帮助学生在社会大环境中明辨是非，抑制社会消极因素对学生的影响

在当前形势下，我们也要看到，社会上一些消极腐败的东西也会时时侵蚀着中小学生，各种低级庸俗的读物、录像和网络视频中的各种凶杀或下流的镜头、网络中的黄色图片等，经常会吸引学生，使他们学习精力不集中，甚至思想堕落，走上违法犯罪的道路。

为此，班主任要与学校领导一起，取得当地公安部门的支持与配合，整治好学校的周边环境，不允许在学校周围搞营业性的舞厅、录像厅、电子游戏厅和网吧，不允许社会上的闲杂人员，特别是一些流氓、地痞、黑势力团伙侵入学校和班级，破坏学校的治安和安定。要教育学生不要进入舞厅、录像厅、电子游戏厅、网吧等场所，不要看低级庸俗的读物，要引导学生读好书，开展书评活动。对于犯了错误的学生，更要热情关怀，找出他们犯错误的原因，教育他们自觉抵制各种腐朽堕落的思想意识的影响，在社会大环境中分清是非，提高认识。

合作与交往的艺术

一、与任课教师的交往艺术

班主任的工作是否卓有成效，不仅仅取决于班主任个人的工作态度、能力和水平，还取决于教师集体及其与班主任的配合程度。班主任应主动与本班各科教师取得联系，互通情况，统一要求，使本班任课教师形成一个坚强的教师集体。班主任协调好任课教师之间的关系，是形成团结友爱，积极向上的班集体所不可缺少的条件。

1. 班主任要虚心听取任课教师对本班学生各方面情况的反映

从整体而言，班主任对本班学生的感情，要比任课教师与学生的感情密切，因为班主任与学生相处的时间长，共同参与的活动多，对学生了解比较深入，对本班学生所负的责任要比任课教师所负的责任大得多。正是如此，才更需要班主任虚心听取任课教师对本班学生各方面情况的反映，以便更好地担负起自己的责任。有的班主任喜欢听任课教师对本班学生的赞扬，而不愿意听取任课教师对本班学生的批评；也有的班主任对任课教师所反映的本班学生的问题，采取应付了事的态度，不认真解决；还有的班主任对本班学生护短，袒护学生的问题。这些现象都是班主任应该加以注意并力求避免的。

　　为了做好班主任工作，在教师中形成一个坚强的教育集体，班主任必须抛弃一切不正确的思想观念，把教书育人放在首位，不应以自己的感情和对学生的亲疏远近来听取任课教师对学生的评价。

　　2. 维护任课教师的形象，树立任课教师的威信

　　班主任如何对待评价任课教师，直接影响自己在学生心目中的形象和威信。要让别人尊重自己，首先就要尊重别人。班主任对任课教师的尊重，正是以自己的行动来教育学生应该尊重他人。很难想象一个不尊重别人的班主任会得到学生的尊重。作为一名班主任，要注意从以下几方面维护任课教师的形象，树立任课教师的威信。

　　（1）不在学生中议论、评价任课教师的缺点

　　金无足赤，人无完人。不仅任课教师，就连班主任自己都可能在教学水平、对待优差生的态度等方面，存在着令某些学生不满意的地方。班主任要从一分为二的角度出发，对学生加以正确的引导。切不可为了抬高自己，在学生中有意无意地贬低以至诋毁任课教师。否则，不仅不利于形成教育集体，还容易在学生中造成不尊重教师的不良习气。青少年精力旺盛、敏感、好奇，喜欢对教师和同学评头品足。但由于学生的认知能力有限，对教师或同学的评价往往出现错误或主观片面性，这是正常的、难免的。当班主任听到学生这些议论时，应明确地纠正学生的错误评价，切不可顺水推舟，推波助澜。

　　（2）正确对待任课教师在课堂教学中出现的失误

　　人不可能不犯错误。教师在教学过程中也可能会出现这样或那样的失误。当任课教师在教学中出现失误后，班主任要在班级做正面的解释，增强学生对教师的理解；在同事中不能把任课教师的教学失误加以扩散，更不能以此讽刺、挖苦任课教师。班主任要积极主动地与任课教师共同协商，找到处理课堂教学失误的最佳途径，探讨如何才能避免出现课堂失误，这样，既维护了任课教师的形象，树立了任课教师的威信，也增加了班级教育的合力。

3. 班主任与任课教师要志同道合、步调一致、目标统一

所谓"志同道合、步调一致、目标统一"，就是班主任邀请本班任课教师共商班级大事，让班级的奋斗目标得到任课教师的认可，争取任课教师的支持和配合。一个人的能力和水平毕竟有限，如果再得不到任课教师的支持和配合，要实现班级的工作目标是不可能的。为此，班主任要与任课教师保持良好的人际关系，与任课教师心往一处想，劲往一处使。

要做到与任课教师步调一致，目标统一，主要有以下三条途径。

（1）班主任在开学前后应邀请本班任课教师，共商班级大事，让班级的奋斗目标获得任课教师的认可，争取他们的支持。

（2）平时邀请任课教师参加本班的团队日活动、春（秋）游、新年联欢或兴趣小组等集体活动。

（3）通过个别交谈的方式把班级的奋斗目标及其他大事告诉任课教师，以期获得他们的支持和理解。

4. 班主任与任课教师经常互通情况

班主任要想科学合理地教育管理班级，必须掌握班级的所有信息，而任课教师有时会掌握一些班主任所不了解的班级情况。为此，班主任要经常与任课教师进行联系，沟通情况，借助于任课教师，获得一些可贵的"情报"，同时也可以征求任课教师对本班工作的意见和建议，以便进一步改进班级的教育管理工作。另外，通过和任课教师的交往，班主任可以将自己的教育管理方法、思路传达给任课教师，以求得任课教师的配合，做到班主任和任课教师步调一致，要求统一，齐抓共管，从而更好地做好班集体的工作。

二、班主任之间的交往艺术

班主任们往往以竞争对手的角色出现在学校工作中，学生成绩排名次、运动会拿总分、文艺节目获奖等活动中都带有竞争性，往往使不同班的班主任之间成为对手，造成班主任之间关系的复杂性。

1. 班主任应主动接近其他班主任

班主任之间交往，首先要交流信息。由于工作中常处于对手位置，每个班主任对工作的计划、措施都严加保密，使双方关系蒙上了一种神秘感，加重了对峙心理。所以，交往中班主任应有宽广的胸怀，明确彼此教育学生的目的是一致的，竞争仅仅是一种手段。本班的荣誉与教师本人相关，能体现出教育的艺术，但是，从整个学校来看，每个班只不过是棋盘上的一颗棋子。因此，不要把本班荣誉看得过重而不顾及教师之间的感情。

工作中，班主任之间要能够进行思想交流，竞争作为教育手段是对学生而言，而教师之间的交流是不会有损于教育目的的。思想交流过程，本身就是双方感情的交流过程，它体现着信任，坦率。这样即使竞争中一方失利，也不会在个人关系上添上不愉快的阴影。

2. 班主任要虚心地向其他班主任请教

班组之间的竞赛，对班集体的形成和巩固有着重要的意义和作用。一个常胜的班集体对学生起着凝聚力的作用，而一个常失利的班集体，往往会使学生失去对集体的信任。所以作为教育的手段，班主任还是应该使学生向集体靠拢，还是要研究竞赛的内容和技巧。俗话说，人没十全十美的，一个人的智慧毕竟有限，而不同的人有不同的特长，所以班主任要放下架子，向能者求教，不要过多地考虑面子，如教龄长、年龄大等，一切从工作实际出发，哪怕自己是求教对象的手下败将。如，对方班主任善于搞集体活动，而这一点正是本班班主任的弱点，那么，就应该虚心求教，哪怕对方曾做过你的学生。

3. 班主任应该教育本班学生注意协调班际之间的关系

这是间接搞好班主任之间交往的有效方法。班主任在本班学生面前，要用积极性的语言评论竞争对手的班集体，不能用贬低对方的方式来激励本班学生。

如，运动会上，本班的"啦啦队"，既要为本班运动员加油，又要为其他班运动员叫好。对方班中表现突出的运动员，本班也可以写表扬广播稿。对学生正确的竞赛观的教育，是促进班主任之间交往的催化剂。

4. 用积极的态度处理班与班之间的误会

当作为竞争对手的班与班之间产生误会时，班主任应保持冷静。竞争使双方产生对立情绪，尤其是负的一方往往寻找对方的空隙作为攻击点，使胜负双方之间产生误会。

如，文艺演出，A 班获优胜奖，B 班没获奖，而 A 班班主任恰恰是评委，B 班班主任及学生会认为 A 班班主任做了手脚，压 B 班而抬 A 班。

又如运动会上，A 班主力队员多报了项目，有人揭发了出来。这本来与 B 班无关，但 A 班学生、班主任却怀疑 B 班学生和班主任在报复。

有时误会是连续反应的，恶性循环，越闹越大，甚至出现僵局。A、B 班主任之间无言以对，A、B 班学生怒目而视。当然，"时间"有时是解除误会的好方法，但是，"时间"不是积极的方法，班主任应该以积极的态度消除误会。

如，可以通过双方谈心，还可以通过领导做工作。有时双方好像存在多大矛盾似的，其实就是一层"窗户纸"，一捅就破。

在解决误会时，班主任切忌当着本班学生的面，以消极的语言讥讽

和评论他班学生及班主任。相反，要以积极的态度动员本班学生与对方学生对话，要礼貌地对待对方班主任。否则，不但误会没消除，又添了新的矛盾。

经常听班主任发牢骚："我们为了谁？还不是为了学生。"其实恰恰在这个问题上没有明确双方的目的是一样的，竞争只不过是教育的手段而已。产生误会不可怕，怕的是双方没有站在更高的层次观察自己工作的对象，理解自己工作的目的。

三、与学校领导的交往艺术

班主任与学校领导之间的关系，是上下级的关系，这种关系的融洽与否，将会对班级的教育管理工作带来很大影响。在班级的教育管理工作中，如果能得到学校领导的支持和帮助，将有利于班级各项工作的开展，取得良好的教育管理效果；反之，如果上下级关系不融洽，班主任未能处理好与学校领导的关系，甚至与学校领导产生对立和冲突，势必会降低工作热情，产生抵触情绪，进而影响到工作效率。

学校领导是学校各项工作的"总管"，也是班主任的直接领导者。班级的各项工作离不开学校管理者的领导和监督，班主任开展工作也需要学校领导的支持和帮助。所以，班主任要使工作达到预期目的，取得良好效果，就必须处理好和学校领导的关系，正确掌握人际交往的艺术。那么，班主任如何才能协调好与学校领导的关系呢？

1. 班主任要尊重领导，服从领导

学校领导是党的教育方针、制度的执行者和传达者，也是学校各项工作制度的主要制定者。班主任既然是学校团体的一员，就有责任有义务不折不扣地遵守学校的各项制度、要求，服从学校管理者的领导和监督，要尊重学校领导者的意愿，维护领导的威信，接受领导的指令，以便使学校的各项制度得以贯彻执行，使学校的各项工作计划得以实现。

作为班主任，决不能恃才傲物，蔑视领导；不能独断专行，各行其是，拒绝执行学校领导的命令；更不能借助自己班级学生的力量要挟领导，故意给领导出难题。当然，在执行领导指示时，也应有一定的创造性，避免盲从。

2. 做好本职工作，获得良好评价

要想处理好和领导之间的关系，最基本的是要尽心尽力地做好自己的本职工作，保质保量地完成自己的工作任务，获取学校领导对自己工作的良好评价，以增强领导对自己的满意程度和信任感。作为领导者，都希望自己的下属具有应付各种工作的才能，具有敬业、乐业的精神。所以班主任作为学校领导的下属，必须热爱自己的职业，关心自己的班级，满腔热忱地去教育管理班级，使班级的各项工作有一个好的起色，这样才能使领导满意，让领导放心，增加自己在领导心目中的地位。学校领导对于自己的工作给予全力的支持和帮助，上下级的关系也才能融洽、和谐。

3. 加强信息沟通，搞好信息交流

班主任在日常活动中，要多向学校领导请示汇报，汇报自己的工作情况，提出自己的建议和看法，尽可能地利用各种方式多与领导接触，增加交往频率，缩短和领导间的心理距离。这样，既便于及时准确地获取领导的指示、评价，提高工作的效率，又可以使领导较快地获得学校工作的反馈信息，增进上下级之间的理解，促进双方的信息沟通。

4. 树立全局观念，照顾整体利益

学校领导要顾及全局，不能面面俱到，而班主任所抓的是具体工作。因此，在工作中难免会与学校领导产生这样或那样的矛盾，甚至冲突，出现班级小集体与学校大集体不相一致的局面。在这种情况下，班主任一定要心胸宽广，树立全局观念，以整体利益为重。要站在领导的角度考虑问题，设身处地地为领导着想。有时宁可牺牲自己班级的某些利益，也要维护学校这一大集体，决不能心胸狭窄、斤斤计较，处处事事只为自己班级着想，争名夺利，追求所谓的"事事合理"，而全然不顾其他班级或学校整体的利益。

5．坚持原则，不逢迎媚上

学校领导是班主任的"顶头上司"，所掌握的权力对班主任的利益有一定的关系。但班主任也决不能因此而媚上欺下，对领导阿谀奉承，不能为了自身的利益或某种企图而一味地逢迎讨好领导，毫无原则地迁就领导，而应该光明磊落，不骄不媚：对待领导的正确指示要坚决贯彻执行，对于领导的错误要敢于提出批评，对于不合理的命令和意见应进行抵制。只是要注意抵制的方式方法，力求做到既帮助领导改正缺点错误，又要维护领导的威信，不能鲁莽、蛮干，凭意气用事。

6．了解领导者的领导方式，采取相应的交往措施

学校领导者的领导方式是指学校领导者用来对教职工行使权力和发挥领导影响力的行为表现方式。它体现了领导过程中领导者与被领导之间的关系，体现着领导者的工作作风。在我国，客观上存在着三种类型的学校领导方式。

（1）专制型的领导方式

专制型的领导方式，也叫集权型领导方式，它的主要特征是学校领导者权力高度集中，突出领导者的地位。凡事躬亲，事无巨细都得领导点头，下属必须无条件地服从与执行领导的决定，重视行政手段的作用，强调奖惩，经常干预下属的工作，不喜欢听反对意见，不愿与有独立见解和创造精神的人相处，喜欢发命令，作指示，对于教职工的缺点错误毫不留情地进行批评教育。

（2）民主型的领导方式

民主型领导方式的主要特征是学校领导者在工作中广泛依靠广大教

职工，积极吸收广大教职工参与学校的管理工作。在进行决策时，注意吸收和听取教职工的建议和意见，尊重下属的职权，放手工作，注意调动下属的工作积极性，信任教职工，满足教职工的合理需求，乐于与教职工接触，上下级的关系较为融洽。

（3）放任型的领导方式

放任型领导方式的主要特征是学校领导者放弃自己的职责而把大部分权力交给教职工，要求教职工实行自我管理。领导不干涉教职工的活动，完全依靠下属的自觉性，不强调规章制度的约束作用，较少使用惩罚手段来进行管理，下属对自己职责范围内的事可以自作主张，各行其是。学校领导者与教职工保持不即不离的关系，很少主动与教职工接触，对教职工的问题采取不闻不问的态度。

上述三种领导方式，各有所长，也各有所短，比较起来看，民主型的领导方式更为适宜一些。但采用何种领导方式，往往由领导者决定，而非班主任所能控制的。班主任所要做的是根据不同领导方式的特点，采用相应的交往方式，更好地搞好与领导间的关系，以取得良好的交往效果。

对于专制型的领导，班主任要注意维护领导的威信，承认其权威性，无条件地执行领导的正确意见，遇事多请示、多汇报，不可自作主张、各行其是，不可因领导专制而减少责任心、降低工作效率。同时，也要采取易于被领导接受的方式，提出自己的合理化建议，帮助领导搞好工作。对于领导的失误，要尽自己的能力进行挽救与弥补，决不能看笑话，闹情绪，影响工作。

对于放任型的领导，班主任要增强自身的责任心和义务感，提高工作的积极性和自觉性，严格要求自己，主动和领导接近，合理有效地使用领导下放的权力，既不能放任自流，自由散漫，也不能越权办事。要积极发挥自己在工作中的主动性和创造性，具有开拓进取的精神，圆满而有效地做好本职工作。要主动自觉地将自己置于领导者的监督之下，自觉遵守各项规章制度，避免出现无政府主义。

民主型的领导，和下属的关系较为融洽和谐，班主任和这种类型的领导交往较为容易和随便，易于建立良好的人际关系。但也要注意戒骄戒躁，决不能恃才傲物，所提的建议或要求必须合情合理，不能胡搅蛮缠，对领导采取强硬态度。

第三节 | 齐心协力构建班级文化

　　班主任是一个班级的管理者，但一个人的精力是有限的，要管理好几十个孩子组成的集体，还需要各方面的团结协作。其实，班上的每一个学生不仅仅是被管理者，也可以成为一个自主管理者和参与管理者，全部同学的力量整合起来，也可以成为一份教育合力。

　　班主任应让学生中的一部分去影响、感化另一部分，使每一个学生能够出于对班集体的热爱而严于律己，自觉参与班级管理。

　　要整合全部同学力量，建设一个优良的班集体，最重要的是组成一个有威信、有能力的班干部班子。班干部是班集体的核心，是班主任进行工作的有力助手，因此，班主任要重视班干部的选拔和培养，充分发挥他们在班级中的作用，带动全班同学和集体不断前进。

　　班干部在班级中的主要作用是：

　　（1）桥梁作用：由于班级干部来自学生，他们最了解班级成员的想法和要求，班干部把这些情况及时、准确地反映给班主任，有利于班主任了解情况，开展工作。

　　（2）带头作用：班干部是学生中较为优秀的部分，通过班干部的先锋和模范作用，可带动中间和落后的学生，从而有利于班级工作的开展。

　　（3）助手作用：由于班干部身心发展水平的特殊性以及班级组织的特点，班干部可积极发挥班主任的助手作用，协助班主任搞好班级工作。

对于班干部的产生方式，大致有下面几种，班主任可以根据自己班级的情况进行选择。

1. 任命制

即由班主任推荐和任命，这种形式常用在班级刚刚组建时，任命班干部能在一定程度上体现班主任的意图，由于学生干部的威望是外加的，所以往往缺乏学生的信赖，威信较低。

2. 民主选举制

即通过学生提名和投票选举产生，由这种方式产生的班干部众望所归，往往具有较高的威信，与大多数学生的关系比较融洽。

3. 自由竞争制

即在自由平等的气氛中，每一个学生都参与班干部的竞争，这样能充分调动学生"参政议政"的积极性，有助于优秀人才脱颖而出，也有助于竞争意识、民主意识和主人翁精神的培养，这种形式往往和民主选举等形式相结合，即首先竞争候选人，然后再通过民主选举，在若干名候选人中选出班干部。

4. 轮换制

即根据一定的规则，班干部轮流担任，一般与民主选举或自由竞争等形式结合起来选出班干部，以后定期改选，但原班干部必须全部或大部分更换。这种形式的优点在于每个学生都有得到锻炼提高的机会，他们会在自己的任期中发挥各自的聪明才智。

班主任要对管理班子进行严格训练，重点培养。学生管理能力的形成有一个过程，班主任应做到：

（1）带：言传身教，带领学生干部在工作中起示范作用。

（2）扶：扶着学生走一段，及时帮助弥补工作中出现的问题。

（3）放：把权力交还给学生，让他们独立发挥工作才能。

（4）查：对小干部认真严格要求，督促检查。

学生当干部，一种思想倾向是他们容易把"干部"看成是老师和同学的信任，而很少会想到应尽的责任，因此，在确定班干部队伍人选以后，班主任务必对他们明确责任，提出适当的工作要求，制定班干部工作纪律，使之履行其责。

班干部队伍建设艺术

在班级中，班干部有着特殊的地位，班干部是班主任工作的助手，班干部既是班级工作的领头羊，又是班主任与同学之间的桥梁。因此，班干部队伍是否过硬，就关系到班级工作能否顺利开展。那么如何建设一支过硬的班干部队伍呢？作为班主任尤其要讲究工作的艺术性和可行性。

1. 班主任应选拔好班干部

对于班干部的组建，我们一般要经历三关：

第一关：调查关。常言道，"千里马常有，而伯乐不常有"，一个班往往有几十名学生，他们各有所长，各有不足，但他们都是我们要物色的班干部候选人，因此，当好"伯乐"，找到心仪的"千里马"，便是至关重要的第一关。要过好这一关，就得进行深入的"调查"。所谓调查，是指民意了解。了解班中哪些同学威信高，哪些同学人际关系好，哪些同学有号召力，哪些同学有绘画、体育等方面特长，哪些同学敢与不良行为作斗争……班主任此时应广开言路，充分搜集同学们的意见，做到全面了解学生，暗中物色班干人选。

第二关：选拔关。作为班干部，经常要在班主任不在场的情况下代为管理班中事务，而要做好这项工作，首要的是勇气和胆量。选拔关实际就是要考验参选人的勇气和胆量。作为班主任的我设置的选拔关主要包含以下环节：报名——讲演——投票。

报名，除了简单报一个名字以外，还要求报上竞争的职务、特长、曾担任过的职务；演讲，要求参选人准备好演讲稿，演讲时间大约三至五分钟，演讲内容必须包含报名原因、竞选职务、如果入选将如何开展工作……这就为参选者提供了设计并初步展示自己工作蓝图的机会；最后才是集体投票，公布参选者的得票情况。在这三个环节中，每个环节考验着参选人的勇气与胆识。正如一位参选者所说："这次选拔锻炼了我：报名得有报名的勇气，演讲得有面对竞争的胆量，投票结果的公布也是考验自己接受成功或失败的勇气。"

第三关：威信关。班干部威信的树立，一方面要靠自己，一方面则需要班主任的帮助。靠自己，就是班干部要靠自己的实际行动来树立自己的形象，不仅口头表达要好，而且实干能力要强。

2. 增强班干部之间的凝聚力，建立一个充满生机的班集体

在新课改理念下，作为班主任最重要的工作是建立一个具有相当凝聚力的班干部队伍，培养班干部团结协作的精神，指导班委会成员全面健康发展。班主任要做好班干部的坚强后盾和参谋，并且最大限度地发挥他们的凝聚力作用，让他们各显神通，各尽其才，使班级工作有特色、出新彩，建立一个充满生机和活力的班集体。

集体是在活动中产生的，大集体如此，小集体也一样。我每月组织一次班干部集体做好事活动。例如清洁班级卫生、搞大扫除等，通过活动扩大班干部在同学中的积极影响，通过活动加强班干部之间的协作精神和团体意识。这样既能在班干部的纪律及常规管理上起到明显的效果，又能使班干部之间也能因此养成团结友爱的习惯，在班级中孕育团结友爱的风气，使班级成为一个大家庭。

此外，我还坚持定期召开班干部会议，组织他们学会制订计划及具体措施，检查落实情况，总结得失，并加以改进；教会他们如何分辨是非，及时阻止同学中的不良行为。而对于班干部在班级中的不良行为，决不姑息，鼓励他们以身作则并带动其他同学，这样加强了班干部之间的凝聚力，也促进整个班级的管理工作有效开展。

3. 加强监督，设立班务督察组

同时为了让班委成员认真履行职责，特建立班务督察组，由四人组成。班务督察组对班委会进行监督，规范他们的行为。班务督察组由督察组长负责。督察组由学生民主推选产生，负责监督班委的管理、执行制度落实情况，具体由督察组长定期召开会议，部署任务，各督察成员进行分项督察并填写《分项督察表》，然后由督察组长汇总到《班务督察常规监督呈报表》上，供班委查看，提供有效信息，配合值日班长、值周班长开展工作。

4. 正确对待班干部工作中出现的失误

由于很多同学没有担任过班干部的工作，因此在工作中出现失误是在所难免的。当工作中出现问题时，作为班主任应该具体问题具体分析，要正确对待班干部工作中出现的失误，不要一味地指责、批评，而是应该帮助他们分析问题，找出解决问题的方法，从而提高他们的工作能力。譬如：我在担任班主任时，就发现了这样一个现象，有一位叫扬阳的班干部，我让他担任纪律委员的工作，他非常尽责，管理也很严格，班级纪律非常好，特别是午休时很安静。然而还是有很多同学向我投诉他。我感到很奇怪，扬阳也感到很委屈，自己工作尽心尽责，为什么还会遭到投诉呢？事情产生后，我并没有简单地批评他，而是帮助他一起分析问题。

经过了解，原来扬阳同学工作方法的简单粗暴引起同学们的不满。例如午休时，有个别同学讲话他就突然拍桌子并且大叫一声"不要讲话了!"结果讲话的同学是不吭声了，但是睡着的同学也被吵醒了。还有，有时他看到有个别同学讲话，为了提醒他们，他就拿起书本扔过去砸到同学的头上。这样自然引起了不少同学的不满。认识到自己工作中

的问题后，扬阳同学虚心改正了工作方法，工作变得更加出色，赢得了同学们的信任，成为一名优秀的班干部。所以在班级管理中要宽容地看待班干部的失误，更要帮助他们改正错误，培养他们成长。

总之，班干部是实现班级目标的骨干力量，是良好的班风、学风的影响者。因此，班主任必须选拔好班干部，同时在工作中还要多培养他们的能力，使其真正成为自己的得力助手。

班干部队伍建设搞好了，相当于硬件上有了支持。要真正形成教育力量，则应打造出富有特色和活力的班级文化。

所谓班级文化，就是指班级内部形成的独特的价值观，共同思想、作风和行为准则的总和，是一种渗透在班级一切活动中的东西。它是以班级为主要活动空间，以师生为主体，以班级物质环境、价值观念和心理倾向等为主要特征的群体文化。

班级文化是一种隐性的教育力量，是一个班级的灵魂，它具有自我调节、自我约束的功能。班级文化建设仅仅靠全班同学和班主任的努力是不够的，需要社会的榜样支持，学校的活动支持，家长的教育同步支持，只有形成教育合力才能促成班级文化的扎实建设。而班级文化一旦形成就可以成为一股强大的教育力量。

班级文化可以分为"硬文化"和"软文化"。所谓"硬文化"，是一种显性文化，是摸得着、看得见的环境文化，也就是物质文化。比如教室墙壁上的黑板报、名言警句，校园中属于各个班级的学生园地等。而"软文化"是隐性的，包括制度文化、观念文化和行为文化。

在班级文化中，制度文化的建立尤为重要。"没有规矩，不成方圆。"那些以规章制度、公约、纪律等为内容的，班级全体成员共同认可并自觉遵守的行为准则以及监督机制，可称作班级制度文化。

班级制度文化的建设，不仅为学生提供了评定品格行为的内在尺度，还促使每个学生时时都在一定的准则规范下自觉地约束自己的言行，使之朝着符合班级群体利益、符合教育培养目标的方向发展。制度不能仅仅成为一种摆设，更不应该沦为针对某几个人的一种惩罚依据，要通过耐心、细致的说服工作和精心设计的教育活动让学生认识到制订制度的原因和意义，把班级有关公约、规定转化为学生的一种观念和形态存在，以无形制度替代有形制度，将"硬制度"与"软文化"熔于一炉，从而使学生逐步实现由"他律"向"自律"的转变。

班级文化的最高点是班级精神文化，它是指班级所形成的价值观、道德观、行为方式、人际关系、集体舆论以及各种认同意识所表现出的文化形态，它是班级文化建设的核心内容和深层结构要素，也是班级文化建设的出发点和落脚点。

班级精神文化的主体是班风，优良的班风能在班级成员的心理上产生一种内在的激励因素，从而增强班集体的向心力和归宿感。一个班级就好像一个战斗的集体，需要大家齐心协力迎接一次又一次挑战，而一盘散沙是毫无战斗力的。苏霍姆林斯基说过："集体是教育的工具。"班级的向心力就是一股强大的无形力量，会对每一个学生的个体发展起着巨大的潜移默化的教育、激励和制约作用。

值得注意的是，在班级文化建设过程中，由于对班级文化的某些内在规律认识不足，一些班主任在实践中走入误区。以下是目前班级文化建设中存在的几种误区。

1. 概念化倾向。

这种倾向主要是指班主任按照班级文化建设理论的要求，提出本班班级文化要素的各种概念，比如，班级价值观、班级精神、班级口号，进行相关的班级物质文化要素的建设。这种概念的提出有时甚至是比较系统的，比如，有的班主任会在班级文化建设中导入 CIS。但是，这种形式的班级文化建设只有概念的提出，没有与之相关的班级优势和特色作为基础，因而是一种"空中楼阁"式的班级文化，没有多少实际的内涵。出现这种错误倾向的原因是班主任忽视了班级文化建设中符号行为与实质行为之间相辅相成的关系，简单地把班级文化等同于各种班级

文化要素的符号化，而不注重创造与之相匹配的实质行为，因而缺乏相应的班级优势和班级特色作为基础。解决问题的办法是，依据目标班级文化的内在要求，寻找机会，引导学生创造并积淀相关的班级优势和特色。

2. 活动化倾向

这种错误倾向主要表现为将班级文化理解为开展大量的活动，因而在班级文化建设中对班级行为文化及与之相关的班级物质文化进行了大量的投入。这种形式的班级文化建设能够形成一定的特色优势，甚至在某种程度上还能够产生一定的班级文化氛围，但是，由于忽视了班级精神文化在班级文化要素中的核心地位，没有适时地将行为层面和物质层面的班级文化建设成果归结到班级精神文化中去。因此，尽管这种班级文化具有一定优势和特色，但因为其与班级精神文化没有建立联系，所以这种班级文化往往表现为"没有灵魂的班级文化"。解决问题的办法是，选择恰当的时机，以深入人心的方式对班级文化进行提炼表达，并适时通过传统沟通对其进行强化。

3. 庸俗化倾向。

这种倾向的表现是班主任在班级文化建设中将传统的班级管理手段冠之以班级文化建设之名。采用这种做法的班主任，在运用传统的班级管理手段时，往往能取得较好的班级管理效果，但是在没有把握班级文化实质的情况下，直接将其冠之以班级文化概念的做法难免给人以"换汤不换药"的感觉。出现这种现象的原因是，班主任对班级文化的本质认识不清，因而在传统的班级管理手段的班级文化建设的关系问题上出现了混淆，简单地把传统班级管理手段作用下产生的"班级的文化"等同于"班级文化"的系统工程。这种将传统的班级管理措施冠以班级文化之名的做法虽然能取得较好的效果，但在本质上它不是班级文化。这样做，不仅会误导人们对班级文化的认识，也不利于发挥班级文化在实现班级目标问题上心理性、系统性、长期性的优点，因此也有纠正的必要。加强对班级文化理论尤其是其理论源起的认识是解决问题的办法，同时，要注意处理好传统的班级管理手段与班级文化建设、班级文化管理之间的关系。

第五章

家校合作的艺术

家庭是社会的细胞，是孩子的第一学校。家长是孩子的第一任教师，其言行对孩子的影响是最直接的。因此，家庭教育对孩子的影响非常重要，对于班主任来说，家庭是教育合力中最重要的一部分。

班主任要重视家校联系，取得家长支持，在互相尊重的基础上做好学生工作。家长与老师的教育目标是一致的，培养孩子成才，是学校、家庭的共同事业。班主任必须了解每个学生的家庭情况及其对孩子的影响，分析家庭影响的积极因素和消极因素，制定与家长相配合的教育措施，建立校家之间信息反馈档案，协调家教步骤，指导家教方法，帮助家长提高家教水平，使家校教育形成有机合力。

班主任应学会与家长打交道的艺术，可通过家访、家长会、书面交流、电话联系等方式与家长经常保持联系。特别是家长会，是班主任和家长面对面交流，共同探讨的好机会，班主任要注意听取他们对学校教育、管理的意见和建议，采纳其建设性意见，并向其汇报学生取得的成绩，提出新的目标和要求，与其统一教育思想和要求，和其一道研究某些特殊事件的教育和处理方法，让其随时了解孩子在校的情况，充分发挥家教对校教的补充作用，形成家校共育的良好氛围，使学校与家庭教育互相配合，互相补充，协调发展。

第一节 | **家校合作的意义**

　　家校合作就是指对学生最具影响的两个社会机构——家庭和学校形成合力对学生进行教育，使学校在教育学生时得到更多的来自家庭方面的支持，使家长在教育子女时得到更多的来自学校方面的指导。

　　家校合作的类型有：

一、按合作活动中家长担任的角色分类

　　美国学者兰根·布伦纳和索恩·伯格把参与学校教育过程中的家长角色分为以下三类：

　　1. 作为支持者和学习者

　　这是一种传统的家长参与学校对孩子的教育模式，参与的具体方式有：家长会议、家长小报、家长学校、家庭教育咨询、家校书面联系、电话联系等。有关研究发现，当家长以这种角色参与学校教育时，他们能增强学生的学习动机，提高学习技能。这种方式的不足之处在于：家长与班主任常常仅限于讨论个别孩子的教育问题，而与学校整体教育工作无关；家长与班主任的联系也往往是单向的，家长比较被动。

　　2. 作为学校活动的自愿参与者

　　这种方式是家长自愿为学校提供无偿服务，他们利用自身的优势帮

助班主任教育学生，对学生进行课业辅导等。这是一种家长参与式的角色，对家长的文化素质提出了很高的要求。这种方式在美国受到普遍的欢迎。1992 年，美国就公民对公立学校的态度所进行的第 24 届盖勒普民意调查中，几乎社会各个阶层对愿意无偿帮助当地任何一所公立学校都表示出积极的态度。这说明，家长是乐意参与班主任教育学生的过程的，主要是需要班主任积极倡导和主动邀请。

3．作为学校教育决策的参与者

即家长参与学校决策的全过程，包括决策形成、决策执行和决策监督。美国学者赫斯认为，家长参与决策的理论基础，首先是人们对没有参与制订的决策在执行过程中缺乏责任感；其次，整理信息、决策及推行的过程本身就具有教育意义，家长、学校互相学习，有益于改进管理技能；再次，家长最了解孩子所处的家庭环境，也最了解孩子的个人情况，因此，必须参与孩子教育过程的规划。

二、按家长参与的活动层次分类

杭州大学刘力教授将家长参与的活动形式分为三个层次：第一层次是形式上的参与。这是最表面化的参与，一般是学校主导、家长服从及参与的单向形式，最典型的就是家长会。第二层次是人际的参与。相对于"形式上的参与"而言，这一层次的参与体现了交互性，表现为班主任和家长在平等的氛围中共同探讨、交流信息，分享学生成功的喜悦，总结学生的不足等。这种参与体现了班主任与家长和谐的人际关系，也在一定程度上消除了家长对班主任的敬畏以及班主任对家长居高临下的态度。第三层次是管理式的参与。这种方式中的家长担当着共同管理者的角色，对学校的各项决策有发言权，并且对决策具有监督权。

在实际生活中我们不难看见这样一幕：

某个班主任老师把某学生的家长"请"到了学校，一个劲地把孩子在校内的不良表现统统兜了出来，痛痛快快地发泄了一通。然后像教训孩子一样，对家长一阵劈头盖脸地"教育"。这位家长被训得面红耳赤，但眼神中明显流露出对老师的不满与怨恨！

不能否认，这位班主任是有责任心的，否则，他也不会不顾情面地数落家长，而这位家长也是一位有责任心的家长，否则，他也不会丢掉脸面忍耐老师的"教育"。但是，可以看出，由于这位班主任与家长沟通时不注意技巧，使得他和家长之间的关系不和谐。试想，这样的不和谐会对这位学生的教育带来怎样的影响呢？

目前班主任和家长之间由于传统和现实的各种原因，在沟通合作上存在着诸多问题。班主任与家长沟通意识不强、沟通技能偏低、沟通策略匮乏、沟通存在障碍等问题正变得非常突出和普遍。这些问题影响到家校沟通合作的有效实施，非但不利于孩子的健康发展，也直接导致了家长与班主任关系的紧张或恶化，甚至酝酿成尖锐的冲突。学校教育需要家长的配合，班主任工作更需要家长的信任和支持。在教育过程中若能取得家长们的积极配合，不但能对学生的教育起到事半功倍的作用，而且还有利于学校的发展。

目前的家校沟通常常存在以下几种状况：

1. 信息的交流通常是一种单向传输而非双向互动

从调查结果来看，家校合作中最大的问题是班主任单向传达信息比较多，双向交流比较少。在与家长的沟通交往中，基本上是班主任在了解和反映学生情况，向家长灌输学校的教育要求，要家长配合工作，可并没有把家长当作与自己地位平等的教育者来对待，很少虚心听取家长的意见和建议。这就容易导致班主任与家长的信息交流只是一种单向传输而非双向互动。

中国传统上赋予学校和老师过多的权威，致使班主任和家长合作地位不平等。家长来校只是为了解情况和学习家庭教育知识，所以家长只能处于被动地接受信息的地位，这样就难以发挥家长的主动性，而班主

任方面由于得不到相应的反馈激励，也会逐渐丧失合作热情，这样，教育效果自然不会令人满意。

2. 被动地、临时性地进行沟通和合作

大部分班主任与家长合作的原因，主要是因为发现了孩子的问题，这才不得不去沟通。无论是班主任还是家长，基本都缺乏一种一贯的积极主动的沟通愿望。这一方面说明双方因为时间、生活、工作压力等原因不可能经常沟通，但另一方面也说明了双方对沟通的不够重视，班主任和家长双方的合作意愿在主动性上还有相当的距离。特别值得一提的是，双方沟通应是一种持久的积极主动的合作习惯，不应只在发现学生出现问题时，才被动地、临时性地进行沟通和合作。因为后一种合作，目的往往已从儿童的教育移向事件或问题本身，容易就事论事，结果使沟通陷于一种讨价还价式的争论。这不是为了孩子，而是为了推脱责任，更不利于后续的家校之间的沟通与合作。

3. 家长参与合作的机会不均

随着教育改革的深入，越来越多的学校能让家长参与学校教育工作，扮演着资源提供者、咨询者、义务工作者和管理者等角色。吸收家长参与学校和班级的管理，取决于学校愿意开放多少渠道。我们发现，家长参与合作的机会实际上不均等，家长的社会背景、经济条件往往决定了其校内参与机会的大小与多少，这就容易导致大多数家长淡化合作意识，不能充分认识到与班主任合作的必要性。

4. 家长由于对自己的责权认识不清而缺乏合作意识

有的父母一旦送孩子入学，就把教育孩子的责任全推给了学校，认为教育孩子是学校的事，把孩子送入学校就万事大吉了。有的家长文化素质不高，不懂教育，不知道怎么教育好孩子，没有现代教育观念和方法，跟不上时代，根本没有能力参与合作，这也是班主任与家长合作难

以深入的一个重要因素。

5. 个别班主任专业素质偏低

目前一些班主任沟通意识不强，沟通技能低下，沟通策略或与不同类型家长打交道的经验缺乏，不善于发现学生背后的深层次家庭教育问题，也提不出改进家庭教育的具体意见，个别班主任甚至存在沟通障碍。这个非常普遍的问题不仅与教育理念发展趋势不符，而且与儿童教育的规律特征相悖。

家庭教育与学校教育的优势是互补的，即家长施教时亲情的感染性、方式的灵活性、教育的即时性等特点和班主任施教时的目的性、计划性、系统性的特点正好相互配合，优势互补。只有班主任与家长合作，实现学校教育与家庭教育的协调一致，才能取得事半功倍的教育效果。

第二节 | **家校沟通的途径**

　　学校教育与家庭教育在整个教育系统工程中相互依赖、相互作用，分别发挥着不可替代的作用。班主任和家长在教育活动中建立起互相信任、协调一致的合作关系，使家庭教育与学校教育结合，形成家校合作互动的教育格局，为学生的发展提供良好的环境，促进家庭、学校和社会和谐合作氛围的形成。实现有效家校沟通合作的活动包括：家访、电访、家长访校、家长学校、家长会、成立家校合作委员会等。

一、家访

　　家访是班主任与学生家长建立联系的一种重要方式。适时、适度地进行家访，有利于班主任与家长之间信息的交流与沟通，融洽感情，在教育学生问题上达成共识，使双方都对学生有更全面、准确的了解，从而相互结合起来对学生进行切实有效的教育。根据目的不同，家庭访问可分为三种类型。

　　（1）了解信息型。这是一般性家访，适用于新生或新接班学生家庭。主要内容是了解学生生活与学习的周围环境。

　　（2）具体目标型家访。这是在了解性家访基础上对少数学生的特殊问题有针对性的家访，适用于有特殊表现的学生。内容主要是向家长报告其子女的特殊表现或突出问题，共同商讨协同解决的方式与方法。

　　（3）正式沟通型家访。这是旨在与家长交换信息、沟通情感，以实现良好配合的家访。适用于因学校、家庭彼此不了解，产生误解或分歧，造成配合欠佳的情况。内容是提出问题，如实介绍情况，耐心听取家长意见，通过心平气和地交换意见，沟通心理，争取实现协同教育。

二、电话访谈

随着现代电信技术的发展，人们之间的交流越来越多地依赖电话。电话沟通，一方面是因为现代社会信息技术发达，为双方沟通提供了更为便捷的途径；另一方面也因为班主任和家长因生活、工作等压力大，时间紧张，电话则成为更现实的沟通方式。电话沟通方便、快捷、灵活，可与家长经常性地保持联系，家长可以在第一时间最快了解到情况或信息。班主任可不定期花一些时间与家长电话联系，交谈内容包括学生的进步和成绩、向家长了解情况或通报学校或班级的一些活动等。

三、家长访校

家长访校可以使他们熟悉孩子的学校教育环境以及老师和同学们，是班主任和家长们交流的常用方式。传统的做法是邀请家长前来学校参加活动，如举办教学开放日和家长接待日活动。可每月确定一天为教学开放日，邀请家长轮流来校听课，学校对家长的热忱欢迎会鼓励他们积极参与课堂活动。通过开放日活动，家长一方面感受到班主任工作的辛苦，另一方面，也可了解孩子在课堂中存在的问题，为家长正确引导、施教奠定基础。家长接待日以每月一个半天为宜。在家长接待日，家长可与班主任、任课教师座谈，交流学生在校表现等。实行家长接待日，可提高工作效率，与家长建立彼此信任的关系，从而使双方成为合作的伙伴。

四、班级家长会

家长会是班主任与家长进行沟通的桥梁，是学校与家庭连接的纽带。召开家长会的主要目的是促使家长与班主任直接面对面地沟通，交流意见或建议，相互理解和支持，为促进学生的健康成长而协调一致。班主任应该探索多种新形式的家长会，建立以家长为主角的新模式家长会，如家长联谊会、家长恳谈会等，由家长现身说法，充分交流经验，让家长参与研讨和相互启发，使之成为家校的合力作用点。

五、家长委员会

为了推进家校合作尽快向更高层次发展，学校、年级、班级可形成三级家长委员会制度，合理利用家长资源，如请家长作志愿者、"家长代言人"等。家长委员会要规范运作机制、明确职责，凡涉及学生权益的主要工作要充分听取家长委员会的意见和建议。家长委员会是家长们以富有意义和建设性的姿态参与学校决策的方式，是高层次的家校合作形式，它的工作成效取决于家校之间是否已经拥有一个良好的合作基础。

六、家长沙龙

这是以家长为主体，以学生成长为中心，以教师及专家学者为咨询指导，提高家长教育素养，转变传统教育观念，提升教育理念，实现以家庭教育为突破口，最终形成教育合力的一种形式。

七、家长学校

家长学校的形式包括定期给学生家长开讲座、印发教育常识小册子、传授家庭教育知识和教育理念，使他们能了解和掌握一些孩子成长过程中的生理和心理知识，为培养孩子的良好品行打下基础。家长学校可在学校和家庭之间架起一条相互沟通的桥梁，使学校和家长更全面地掌握孩子的思想动态，及时矫正他们不良的行为习惯；充分利用家长资源，以家长本人成功的成长经历及教育孩子方面的成功经验现身说法，发挥部分家长在教育学生方面的示范作用，在解决学生问题方面出谋划策。

八、校讯通

班主任可以将孩子在学校的表现情况、考勤情况、测验考试成绩、学校的动态、孩子的心理状况等通过邮件、手机短信发送给家长，让家长在百忙之中也可以轻松掌握孩子的基本情况；同时，家长也可以通过该系统向学校和班主任发表自己的看法和建议。这种形式利用电子信息的技术手段，以最容易的方式把家庭和学校双方融入现代教育中，实现家、校合作和教育信息化，让家庭与学校的结合不受时空的限制，为教书育人创造一个全新的空间。

九、班级网页

教育网络化是当今教育改革的一个世界性的趋势，是推进学习型家庭建设的合作互动策略。随着社会的进步，现代通讯技术的发展，网络技术的普及，班级网页成为家校沟通的新载体。特别是在社会竞争日趋激烈的新形势下，家长忙于工作，难以实现每天都与老师进行交谈沟通，了解班级情况和孩子学习情况，网络可以其独特优势弥补这些缺憾。班级网页不仅给学生搭建了展示的平台，也为家校沟通搭建了互动的新桥梁，使家校之间充分、准确、及时、详尽地交流，真正实现"家校互动、同步教育、无限沟通"。

十、QQ 群

QQ 作为一种网络即时通讯手段，已经风靡互联网多年。近几年，QQ 开发群聊功能（简称 QQ 群），更是让 QQ 从纯娱乐休闲软件转变为具有一定实用意义的网络平台。班主任可以和家长、学生们在这个虚拟的环境中真诚地交流。通过 QQ 这种非面对面的交流，突破了真实情境中面对面语言表达上的情感障碍，使家长和学生的内心中激起的一些情感共鸣和情绪得以及时地真实流露。作为班主任，要及时把握好时机，利用 QQ 群进行有效的师生沟通与家校沟通，从而增强班级管理的实效性。

第三节

家校沟通的策略与技巧

　　一位父亲发现孩子被同伴打出鼻血后十分气愤，要求班主任给一个说法。这位班主任首先表示深深的歉意，并教育打人者向受伤者赔礼道歉、承认自己的错误。班主任接着全面介绍孩子的情况，使家长感到他的孩子是受老师和同学们关爱的，发生这次事件纯属偶然。最后，这位班主任表示接受家长的建议，希望家长今后对自己的工作多提意见。这位父亲面对态度诚恳的教师，很快化解了心中的怨气，原谅了打人者。从这个例子可以看出，班主任认真分析家长的意见，理解家长正当发泄其不满情绪，接纳家长的合理化建议，就会转变家长的态度，得到家长的理解和支持。

　　与家长沟通，是班主任和家长的双边活动，是语言、情感的双向交流。家长的为人、阅历、性格特征、心理因素等直接影响着沟通效果。法无定则，沟通要因人而异，因时而异，因情而异，需要有不同的技巧策略。

　　班主任应以取得良好的沟通合作效果作为目标，灵活选择沟通方式和沟通技巧，引导沟通活动的顺利进行，提高沟通合作的效能，而不只是一味强调自己良好的动机和教育内容的正确。没有效果的沟通，即使动机良好，内容正确，也毫无意义。因此班主任应当在沟通活动中培育家长的沟通意识，在消除沟通心理障碍方面发挥更多的主动性、主导性，创造沟通机会、开拓沟通渠道、建立密切稳定的家校关系系统。

　　实现有效家庭沟通合作的策略与技巧有很多，但班主任需要掌握的

有以下几种基本功。

一、在细节中把握沟通合作的技巧

1. 班主任在与家长沟通交流时应注意的细节

（1）选择或者创造使家长和班主任处于平等地位的环境；

（2）关心孩子，询问有关他或者她的情况；

（3）倾听与理解；

（4）当提及孩子的学校生活时，使用描述性的而不是判断性的语言，避免使用教育术语；

（5）不要谈论别的父母或者他们的孩子，尊重所有家庭的隐私。

2. 技术沟通法

班主任常用的技术沟通法主要有：

（1）利用家长会，向家长宣传自己的教育理念和一些新的教育方法；

（2）利用家长接送孩子的机会主动交流孩子每天的学习活动情况，有哪些突出表现；

（3）与家长一起为孩子制定学习目标；

（4）向家长了解孩子在家的表现、个性倾向；

（5）召开"家长建议会"、举办"家长沙龙"等，充分听取家长的意见；

（6）通过"校讯通"及时与家长交换教育孩子的意见，以多媒体网络平台为老师和家长提供更多便捷的联络方法，灵活使用相互沟通和交流的工具，使老师和家长能及时了解孩子的情况，充分体现老师与家长互不干扰的个性化沟通；

（7）开展"亲子活动"，创造家长参与学校教育的机会等。

3. 感情疏通法

与家长直接沟通情感，这有利于教师与家长互相信任，彼此说出心里话，使知情统一，顺利达成认识上的一致、情感上的相容。

在与家长直接沟通时，要特别注意：

（1）称呼得体。得体的称呼会使家长感到亲切，可先问"您怎么称呼"，然后根据家长年龄、身份、职务等具体情况确定一个合适的称呼；记住家长的名字。

（2）语气委婉。尽量避免用命令、警告、责备、提意见、训话的口吻与家长对话，这样会使家长产生防御心理。教师应用热情、关心、委婉的语气和家长平等对话；如果能加上风趣幽默的语言，更能使气氛融洽、和谐、轻松。

（3）正确运用非语言技巧。非语言技巧包括面部表情、身体动作、手势、空间位置、穿着打扮等方式。

（4）间接沟通情感。这主要是针对处理学生问题时与家长难以达成共识，易造成家长不理解、引起误会的情况。如通过对学生的真诚关心与爱护解决情感冲突，或通过其他人表达自己的情感，以求家长理解，达成共识，解决问题。

二、把握与家长沟通时的特殊心理，掌握沟通艺术

目前，家校合作出现"流于形式多、单向灌输多、一味要求多"等一系列问题，归根结底，都是因为缺乏沟通策略和沟通技巧。许多家长把孩子在学业或行为方面出现问题时把责任推卸给老师，这严重影响了班主任的工作效率和教育质量，非但不利于孩子的健康发展，也给班主任造成了极大的心理压力。因此，班主任应把握与家长沟通时的特殊心理，讲究沟通的艺术，与家长架起一座沟通的桥梁，赢得家长的尊重、理解和合作。

1. 评论学生要客观

班主任要树立正确的"学生观"，客观、全面、公正地评价每个学生，使学生家长听后，觉得这是教师的肺腑之言，感到学校教育的目的和任务是与学生家长的愿望相一致的，从而做到心理相容，共同做好教育。

班主任在对家长介绍学生情况时，不可以漫不经心或是毫无根据地对其子女的能力和行为进行评价。班主任对学生任何不尊重、不客观的评价，都不会被家长疏漏或遗忘，这样只会伤害家长的感情，使他们为此而感到伤心。因为家长都有一个"望子成龙，望女成凤"的思想，假如教师对家长过多列举其孩子不好的方面，会严重挫伤家长的自尊心，造成一种"无药可救"的印象。这不仅无助于问题的解决，也是一种极不合理、极不负责任的做法。

2. 把握好问题呈现的时机

与家长沟通时可先说说其孩子的优点和进步，等家长有了愉快的情绪，再逐渐提一些建议，家长会更乐于接受。可以采取"避逆取顺"的策略，避免触动对方的逆反心理而迎合其心理的策略；也可以采用变换语言或变换角度的手法来叙述，因为同一件事，往往可以从多个角度来描述它。为了使人们乐意接受，我们就可尽量从人们的心理易于接受的那一个角度去叙述，尽量避免那种容易引起人们反感的角度，减少一些产生逆反心理的可能。

3. 提供解决问题的可行性建议

提出问题的同时要提供可行性的建议，尽量避免"登门告状"、"漫发牢骚"的现象。班主任应善于找到向家长提出要求的适当形式，语言尽可能委婉，最好用建设性口吻。如"你看，我们是否可以这样做……"，"你能否试一下这种方式"等。对于家长不符合教育要求的行为、观点应予以劝说，向他们解释这样做对孩子教育所带来的危害。切忌将教师应当承担的责任推卸到家长身上，这不仅证明班主任的无能，而且证明班主任的不负责任。

4. 善于运用"期望效应"

"赞扬孩子、赞扬家长是与家长交流的法宝。"著名的教育学"罗森塔尔效应"实质就是"爱"的效应或者说是"期望效应"。班主任在与家长沟通时，最需要把自己对学生的期望和肯定通过家长传输到学生那里，这样会产生意想不到的激励作用。这一点在班主任与"后进生"家长沟通时尤其需要注意。只有家长对自己孩子的教育有信心，他们才会更主动地与班主任交流，积极配合老师的工作。

5. 用心倾听、询问和引导

一位优秀的班主任，必然会耐心倾听他人的意见、感受并善于询问。班主任千万不要只顾自己滔滔不绝，剥夺家长讲话的机会，要积极地、饶有兴趣地倾听，要多用开放式提问，尽量少用封闭式提问等。

三、因人而异，选择多元化的方法策略

由于家长间存在身份、文化程度、自尊心等方面的差异，班主任应该清楚，差异是沟通的基础，但沟通不是为了排斥差异、消除差异，而是为了更好地理解差异，求同存异。差异的根源在于沟通主体、沟通客体、沟通内容、沟通情境是多样化的。

1. 考虑家长的个性多元化

对性格粗暴、刚愎自用，甚至蛮不讲理的家长，班主任要以冷对"热"，以静制动，以柔克刚。越是难以理喻就越要坚持晓之以理。而对于性格随和、通情达理的家长，要在友好交谈中用心听取他们对学校

工作的意见，不能因他们"好说话"而冷落了他们。那些快人快语、胸无城府的家长，他们性格外露，不喜隐瞒，喜欢直率地表达自己的意见，且心口一致。班主任与他们谈话时也要干脆利落，让家长看到你的直率，感到你可以信赖。对胆小怕事，说话绕弯的家长，则要集中精力听出他们所要表达的中心意思，对未听清的，则要通过提问了解清楚，对意思含混的，还要细心琢磨，领会其主旨。

除了性格因素之外，家长的情绪心境也是沟通中不得不认真考虑的一个因素。谈话时，班主任处于谈话的主导地位，要察言观色，根据家长的情绪运用不同的谈话方式。对学校和老师有意见而处于气头上的家长，因其有强烈的排斥心理，这时班主任不能火上浇油，而应努力使他们克制情绪，恢复常态后再相机而动，对症下药。

2. 考虑问题性质的轻与重

采取何种沟通方法与沟通形式，完全取决于沟通时需要加以解决的重点问题的性质。对于一般性质的问题，只需诉诸常规沟通形式，如电话交流、家校联系交流等；当学生有严重的行为问题并亟须家长配合矫治、干预时，才诉诸正式的、个别的危机性沟通，如约见、家访等。

3. 考虑学生家庭教育方法的差异性

(1) 变粗暴放任型为情理诱导型

有一位学生，在校常常惹是生非，每当发生这样的情况，班主任就向家长投诉，话语中充满怨恨和厌恶，而每次家长了解到情况后，就对该生一顿毒打，有时打得浑身又青又紫。长期在这样的教育方式之下，这位学生的性格也变得古怪起来，有时会莫名其妙地发脾气，在班级里经常动手打人。有一次，他竟然毫无理由地把一位同学的书包扔进学校的垃圾桶里，他的举动让大家都惊愕了！

细细分析这位学生产生这种情绪的原因，与他长期受简单粗暴的教育方式有着密切的关系。部分家长认为，孩子不懂事，要他懂事就得打，不打不成才。有些孩子在家中经常挨打挨骂，结果养成胆大包天、爱说谎话、欺小凌弱的坏毛病，给班级管理带来许多问题。由于有些家长或因自身素质不高，或是忙于工作或娱乐活动，平时对孩子缺乏管教，一旦班主任向这些家长投诉他的孩子学习成绩不尽如人意或是在校内犯了错误时，就教训甚至打骂孩子。班主任肩负着重大的职责，也许会因为自己的疏忽而毁了学生的一生。因此，我们在教育学生的过程中，需要得到家长的大力支持和配合，而这一过程中，一方面，我们要克制自己的情绪，另一方面，也要制止家长采取粗暴的态度，更不能煽动家长采取暴力，要做好深入细致的工作，多与家长沟通，要多诱导，给予他们正确的教育方法，和家长一起与学生交流思想，了解学生的心理状态和产生问题的原因，对症下药，悉心诱导，这样的家校沟通合作才能真正地促进学生朝着健康的方向发展。

（2）变放任自流型为宽严有度型

有些学生家长，由于工作忙或事务缠身，无暇顾及孩子，对孩子的学习与成长持放任自流的态度。他们认为，孩子该学的自然就学了，学不会就是天生脑瓜笨，"不是那块料"。然而，孩子的自我控制能力毕竟有限，任其自然发展，往往形成任性、暴躁、打架等不良习惯，一旦养成习惯，纠正起来很困难。特别是单亲家庭，由于各方面因素的影响，在教育孩子时，往往缺乏必要的管教，让其放任自流。作为班主任，要不辞辛劳地多找家长沟通，真诚与家长谈心，交换对其子女的看法，协商教育其子女的妙方良策，这是班主任与家长情感的接触，心灵的碰撞，将一颗为学生健康成长的赤诚之心捧在家长面前，从而获得家长的信任，取得家长对学校教育的真正理解、支持和配合。

（3）变溺爱娇惯型为理性关爱型

有些学生家庭比较富裕，父母对孩子的学习特别关心，以至关心过火。他们认为，为了孩子的学习，应不惜代价，孩子需要什么给什么。这种"要星星，不给月亮"式的家教，时间长了就会陷入溺爱的泥潭，孩子容易形成自我中心意识。这种学生往往比较自私、怕吃苦、耐挫能

126

力差。

对于溺爱型家庭，班主任与家长交谈时可以先肯定学生的长处，对学生的良好表现予以真挚的赞赏和表扬，然后再适时指出学生的不足。要充分尊重学生家长的感情，肯定家长爱护子女的正确性，使对方在心理上能接纳你的意见。同时，也要用恳切的语言指出溺爱对孩子成长的危害，耐心、热情地帮助家长采取正确的方式教育子女，启发家长实事求是地反映学生的情况，不袒护自己的子女、隐瞒子女的过失，这样才有利于孩子的健康成长。

（4）变对立冲突型为密切配合型

有一位很特殊的孩子，性格怪僻，惹是生非，还经常不做作业。以前他的家长就常为这事被班主任"训斥"。A老师接班后，多次想与家长取得联系，可他们始终回避。有一次家访，这位班主任先表扬孩子在校表现好的方面，如聪明、思维活跃、敢于发言等，然后，又婉转地提出其不足之处，并告诉家长自己会尽全力教育好孩子，希望得到家长的配合与支持，还指导家长在家庭中怎样有效教育孩子。家长听了，欣然接受，还作了自我批评，说自己忙于工作疏忽了对孩子的教育。

班主任和学生家长既然在教育目标上是一致的，两者就不存在领导者与被领导者、教育者与被教育者的关系。每个班主任都会遇到一些"恨铁不成钢"的学生，这些学生经常会给自己的工作带来麻烦。学生一出毛病，有的班主任就把家长请到学校，发顿怨气，批评一通，甚至训斥、嘲笑，把责任都推到家长身上。家长有口难言，被极大地挫伤了自尊心，有的甚至忍耐不住，在学校里打骂自己的孩子，这样的家校联系非但达不到预期的目的，反而极大地挫伤孩子的自尊心，也不利于班主任今后与家长的沟通与合作。

班主任在工作中会遇到各种学生，遇到问题时，头脑要冷静，要意识到每位家长都希望有个引以为荣的子女，绝不能"越位"训斥家长，"居高临下"地说："我要你怎么做，你就应该怎么做。"同时更不能把学生的过错强加在家长身上，把对学生的气撒在家长的身上。作为班主任，应心平气和地用商量、征询的口气，向家长解释，主动协调，共同探寻解决问题的途径，这才是解决问题的方法。

让家长走进班级、年级、学校，最大限度地发挥家校合作的作用，这是现代教育发展的必然趋势。家庭教育不仅是基础教育，而且在很多方面起着主导性作用，是任何学校教育和社会教育都代替不了的。在家校合作中，班主任必须用平等的姿态，尊重、理解家长，提高服务意识，使家庭教育与学校教育结合，形成家校合作互动的教育局面，为学生的发展提供良好的环境，促进家庭、学校和社会的和谐合作氛围的形成。

第四节 | 班主任与家长的交往艺术

　　班主任是学校与家庭联系的桥梁和纽带，争取家长配合学校对学生进行教育管理是班主任工作的一个重要内容。因此，班主任一定要与家长取得密切联系，掌握学生在家里的表现，征求家长对学校工作和班级工作的要求和意见，向家长宣传党的教育方针和学校采取的教育工作的方法和措施，向家长介绍家庭教育的正确方法和先进经验，提高家长的教育水平，使学生家长掌握并采用合理的教育手段，并和家长一起共同商讨研究教育学生的措施。争取家长协助班级工作的艺术策略主要有走出去、请进来、信息联络三种。

一、走出去的艺术

　　走出去的艺术，主要是班主任进行家庭访问的艺术。家访的作用在于：①可以互通情报，使学校和家长都知道学生在校内校外的表现，从而能够对学生的思想、行为作出正确的估计和判断，以便有的放矢地进行教育；②可以使家长明确学校对学生的要求，配合学校做好教育工作；③可以了解学生家庭教育的经验和缺陷，帮助家长扬长避短，改进方法，进一步搞好家庭教育。总之，家访，既有利于学校教育，也有利于家庭教育，是班主任必须做的一项重要工作。

　　搞好家访，并不是轻而易举的，既要讲求科学性，也要讲求艺术性。

1. 家访要普遍化、经常化

所谓普遍化，即对全班学生的家庭要普遍进行访问。特别是班主任接手一个新班时，要在开学前对全班学生家庭普访一次。目的是了解学生家长职业、对孩子的教育方法、家庭环境、居住条件、对学校有什么要求等。同时，通过家访，认识学生，了解学生的个性、爱好，跟什么人交往，过去学习上有什么困难，对教师、学校有什么要求等。同时还可以向家长和学生说明学校和班上新学年对学生的要求。

所谓经常化，就是家访要经常进行，而且形成制度。不要等问题成了堆或学生犯了什么错误才去进行家访，不要使家长产生"无事不登三宝殿"的感觉。

家访的目的是增进家长与班主任、学生与班主任之间的感情，以争取家长对班级工作的支持，这种沟通就是要使家长和班主任在教育子女问题上，在认识领域和情感领域里产生一种共识和共鸣，从而促进对学生的目标管理。班主任与家长之间的心理沟通是一个极其纷繁的过程，由于家长的文化层次不同，家长与班主任在许多认知、情感方面就很难产生一种共识和共鸣。这就决定了家访的经常化。经常化的家访有利于对学生的管理，防微杜渐；可以消除家访时学生的紧张情绪，可以把"问题式家访"变为"正常性家访"，从而消除家长对子女的责备，也可增强家长事后犯"嘀咕"病的免疫能力。因而他们会很热心地支持班主任的工作。

强调家访要普遍化、经常化，不是搞形式主义，硬性规定教师普访次数，把家访当做例行公事。是否家访，次数多少，何时家访，应由班主任相机行事，使家访恰到好处，收到实效。

家访要做到普遍化、经常化，必须善于合理安排时间。班主任家访工作是教育工作的需要，而家访必须付出时间、精力，这样就会直接影响备课、批改作业及业务学习。要解决这个矛盾，就必须合理安排好时间。一般说来，普访可以利用暑假进行；常访利用业余时间有计划地进行。家访虽然花了时间，但所得到的却是不能用尺来量、用器来量的。当家长真正把管教子女的责任负担起来，切实配合班主任对子女进行教育时，就可以看到家访所起的作用是不可估量的。

2. 家访要做到"胸有成竹"

家访一定要有明确的目的，不能为家访而家访；家访一定要事先作好准备，不能来也匆匆，去也匆匆，三言两语，敷衍了事，这样的家访不仅不会获得家长对班级工作的支持，相反，有时还会产生副作用，导致家长和学生犯"狐疑病"。因此，班主任进行家访一定要做到"胸有成竹"，走访前一定要做好准备。班主任为家访而做的准备包括心理准备内容准备和程序准备。

班主任进行家访，就是与家长打心理攻坚战。因此，家访前，班主任对学生家长的文化层次、兴趣爱好、品德修养和家庭教育类型等方面，作一个初步的了解，便于家访时以不同的心态选择不同的语言、表情，进行和谐的心理交流。班主任的心理准备如何，直接关系到家访时能否做到随机应变，掌握主动权。如果家访时班主任能根据家长的个性，并投其所好，谈吐投机，使家访在和谐融洽的感情气氛中进行，达到家访的目的，则说明班主任在心理上早有准备。

家访前的内容准备必须具体、单一化。最好是一次家访中集中解决一二个问题，因而也就只需集中精力准备一二个问题的有关内容。准备的内容要有较强的针对性。这就要求班主任平时多观察学生的表现，注意把握学生的思想脉搏，抓准他们现阶段存在的主要问题和表现出的主要优点作为准备家访的内容。同时，家访内容的准备还要有趣味性，要根据家长的理解能力，选择容易产生共鸣的问题与家长共同商讨。

家访前的程序准备，就是班主任即将进行家访时，对将要进行家访活动的进程作一个有条理的安排。家访时，与家长先谈什么，后谈什么，重点谈什么，在家访前都必须心中有数。程序准备还要求提前通知学生本人，使学生本人欢迎家访，那种背着学生悄悄到学生家里访问的方法并不会受到学生本人的欢迎，而且会使学生产生抗拒心理，学生家长也不一定乐意接受。家访做到了"胸有成竹"就能避免随意性和盲目性，提高家访的教育效果。

3. 家访要"喜忧兼报"

作为班级的领导者、组织者、教育者的班主任，家访时要善于运用辩证法作为与家长之间交谈的武器，既要向学生家长反映其子女的某些不足，又要给他们汇报其子女的明显进步。

在与家长交谈中，首先应充分肯定学生的优点，以鼓励学生发扬下去，更主要的是为了争取家长产生一种心理快慰的需要。家长产生了这种心理需要就自然会产生一种"教有所获"的满足，这种满足需要激起家长兴奋之余，班主任再指出其子女的某些不足，从而使家长心里形成一个逆转运动，马上又会产生一种不满足的需要。家长都希望自己的子女在原有基础上获得更大进步，班主任就要利用家长的这种心理提出家长与学校共同管理学生的一些具体办法，家长为了把未满足需要变为已满足需要，自然而然就要协助班主任搞好班级工作了。

值得强调的是，即使是班级的后进生，班主任家访时，也要喜忧兼报，不能只报忧不报喜。不论学生怎样后进，在他们身上总有一些积极因素，班主任要于发现和挖掘他们身上的闪光点，给他们的家长汇报。这样，家长会自然体会到老师是在实事求是地评价自己的学生，没有抹杀学生的成绩；同时也会使学生本人感受到老师是在真心实意地关心和爱护自己。

"喜忧兼报"的方法会增强家长教育子女的信心，会激发学生力求上进，最终有益于班主任工作的顺利开展。

4. 家访要做到"三位一体"

教育实践证明，班主任的家访活动应是班主任、学生和家长三位一体的一种互相教育活动。坚持班主任、学生、家长三结合比班主任背着学生"私访"的效果更好。不论是向家长报喜还是报忧，班主任应当着家长、学生本人的面开诚布公地交谈。三位一体式的家访，其交谈形式主要有三种。

（1）先让学生本人向家长汇报自己在校的表现，班主任后作必要的补充或证实。这种形式有利于培养学生的自我评价能力，有利于养成学生诚实坦白的好品性。在这样的场合，班主任要善于引导学生分析自己，要有意识地把学生作为家访时的主角来安排。当班主任的补充与学生本人的意见不统一时，要允许学生本人申辩，并帮助学生分析自己。要在民主的气氛中以理服人。这样，学生本人会心悦诚服，家长听后也较为满意。

（2）先让家长反映学生在家里的表现，然后由班主任反映学生在校的表现。这种形式的交谈，班主任必须善于察颜观色。有的家长对学生评价偏高，常常喜形于色；有的家长对学生的评价偏低，对学生的前途失去信心，常常显示出一种忧虑之情。班主任要善于观察，要捕捉家长的情绪信号。如果家长对子女的自信程度较大，班主任则要先扬后抑，即当家长反映情况完毕，班主任在对其子女于家中的表现表示赞许的同时，要适当地指出学生的不足。在指出不足时要注意方法，不要让学生认为你只有"向家长告状的本事"，一旦遇到对子女教育方法简单化的家长，学生有可能因此而遭受一顿皮肉之苦。于是，无论是肉体上还是心灵上的创伤，这笔账都会记在班主任的名下。长此以往，师生感情上的裂痕就会加深，学生的思想工作在一段时间内也就不可能好做。

二、请进来的艺术

"请进来"，即班主任把家长请到学校来共同商讨教育学生的方式方法，相互了解学生在家庭和学校的表现，以达到一致性的协调教育。"请进来"主要采用三种形式。

1. 召开家长会

家长会一般每学期开 1～2 次，通常在开学后和放假前。召开家长会是对家长进行集体工作的方式。召开家长会必须要做好充分的准备，这包括学校领导、科任教师、后勤部门的联系工作。召开家长会必须妥善地确定开会时间，尽量使大多数家长都能参加，开会时间一般以半天为宜。召开家长会的形式应不拘一格，可以茶话会的形式出现，可以报告会的形式进行，可组织家长参观学生优秀作业专栏，可组织学生给家长搞文艺演出。家长会的内容必须以解决一些迫切的问题为重心，可以由班主任向家长作本班工作的汇报讲话，可以由学生代表向家长汇报班级情况，也可以请家长介绍教育子女的经验，这种用家长来促进家长的方式效果更好。有条件的地方，也可以请教育专家作有关教育问题的报告。

召开家长会，最好能帮助家长从教育学的观点来理解班上出现的困难和问题，帮助家长分析自己教育子女的经验和问题。召开家长会的关键，在于班主任必须当着全体家长的面对班级提出一个切实可行的奋斗目标，并希望得到家长的大力支持。有的学校为了改革班级教育管理，充分调动家长的积极性，组建了由班主任、科任教师、家长代表、学生代表参加的班主任工作咨询小组，由班主任定期召开研讨会，共商班级的教育管理工作，取得了较明显的效果。

作为班主任，要善于创造性地工作，注意发挥家长会的职能作用。

家长会的第一个职能就是沟通，即沟通家长与教师的联系。沟通职能要求家长和教师通过家长会全面地介绍学生的优缺点，实事求是地反映他们在学校和家庭的行为表现，要求教师和家长交流各自的教育计划、方法和经验，增进相互间的理解和信任；为合作教育创造条件，在沟通过程中，一定要始终坚持热忱坦率的原则，互相交流信息，互相借鉴方法，使双方感情发生共鸣。

家长会的第二个职能是教育职能。这就要求班主任用教育学、心理学的知识对家长施加影响，在家长中普及教育科学知识，使家长教育学生的方法科学化。

家长会的第三个职能是研究职能。它要求家长和教师围绕教育目标和学生的特点共同研究教育方法、管理方法，研究的形式可根据班级实际情况而定，可以集体研究，也可个别研究。共同研究是为了增强家长在教育学生中的主动性和创造性的发挥。

班主任必须注意这三种职能作用的发挥，要引导家长正确运用期待效应，尽可能让家长、班主任、学生三方面的期望值达到和谐统一，不能使期望值过高和过低。班主任要通过家长会教育督促家长履行家长的职责。

2. 家长接待日

家长接待日活动有两种情形，一种是班主任在自己的工作计划里拟定一些问题与家长进行谈话，然后确定一个固定日期，首先向学生宣布，要他们通知家长在规定的时间内来到学校与班主任交谈。这是班主任做家长工作的个别形式。另一种情形则是班主任随时接待前来学校访问的家长。

在家长接待日活动中，班主任可当着学生的面或不当着学生的面与家长进行谈话。

随着教改的深入，请家长参与班级教育管理，搞家校的结合已不能传统地囿于与家长交谈的形式。家长接待日活动，一个有效的改革措施就是还必须把家长对子女的教育由被动变为主动，开放课堂，邀请家长听课。有的家长对自己的孩子在校表现了解不透，一发现孩子成绩下降，一听说自己的孩子在校犯了错误，他们轻则发一通怨气，重则体罚自己的孩子，结果是家长生气，学生受苦，又不能解决问题。为了让家长有机会亲眼看到学生在校各方面的表现，班主任应有"开放意识"，邀请部分家长在"接待日"活动中走进课堂听课，看看自己孩子的表现；也可以有针对性地重点地请个别家长参加班上活动，这样能使部分家长更能准确地了解自己的孩子。家长接待日活动，做到了对家长的开放，就是加强了家长对班级教育管理的参与意识，这对学生的学习与进步和良好习惯的养成，都起着巨大作用。

3. 家长学校

家长学校是 20 世纪 80 年代在我国逐渐兴起的新事物，是一种方兴未艾的现象。鲁迅曾说，我们不仅要办师范学堂，而且要办"父范学堂"，这一预言在改革的今天，有的地方已付诸实践了。班主任要充分利用家长学校这块阵地，协同学校领导和教师把家庭教育的有关理论和方法传递给家长，以便家长自觉地、科学地培养、教育好自己的孩子。开办家长学校的目的与任务是帮助家长掌握和了解教育理论，提高教育水平，保持学校教育与家庭教育的和谐一致。通过开办家长学校，可以帮助家长了解孩子的生理、心理特点，掌握正确的教育方法，协调和促进学校与社会、学校与家庭的联系，达到全面培养人才的目的。

开办家长学校，要求具备多方面的条件。由于我国各地区的差异较大，因而此种形式目前在我国并未普及。但我们相信在不久的将来，家长学校这朵教育领域的奇葩，必会在全国各地开花结果。因为，家长学校对于培养健康的儿童，对于提高全民族的文化教育素质，具有重要作用。

三、信号调控的艺术

信号调控是班主任争取家长支持班级工作的特殊形式。这种特殊形式主要有以下几种具体做法。

1. 与家长通信

即对班上的情况，学生的主要优缺点和对家长的一些建议，通过书信的形式与家长取得联系。与家长通信必须注意四点：①文字必须简

洁，不要冗长；②内容必须具体；③根据家长的文化层次的不同而运用不同形式的语言表达；④说明请予回信。

2. 通过地方广播等宣传工具向家长祝贺学生的学习成绩

这种形式一般用于期末总结之后，它要求对学生的评价中肯，在祝贺学生取得成绩的前提下，要注意提出新的要求。这种形式具有较好的教育效果，因为它的信息传播面较广，易于刺激学生和家长。

3. 建立《家庭联系册》

为了与家长长期保持联系，班主任可建立《家长联系手册》，每个学生一份，对学生有何评价，对家长有什么建议和要求都写在上面，由学生带给家长，家长阅后签上意见和要求再带回交给班主任。联系手册常存放在班主任处。这种方法比通信更优越，它便于保存起来供以后系统地进行研究。建立家长联系手册要注意从中分析家长的情绪，也不要遇事都要家长签字，这样可能会使家长反感。

上述争取家长支持班级教育管理的工作艺术，无论是"走出去"、"请进来"还是"信号联络"，都必须注意一个至关重要的问题，那就是切实避免流于形式，应该不断积累经验，不断改革具体方法，以提高效益和培养学生为唯一目的。

第六章

班主任的专业成长

　　班主任教育劳动主要的、内在的目的就是育人，就是促进学生的精神发展，因此实质上是一种精神劳动。促进学生德、智、体全面发展，是所有教师，包括班主任教师和非班主任教师的职责。班主任作为班级教育的主任教师，他的角色地位决定了他的工作有着与非班主任教师教学工作不同的特殊性，即除了负责组织、管理班级工作外，还必须承担更多的教育责任。他是学校中主要进行道德教育的教师；在现实生活中，更多、更好地关心学生全面发展的是班主任，更多、更好地关心学生精神生活、精神发展的也是班主任；班主任是一个特殊类型的教师，班主任工作是一种专业性的劳动。

　　从外在的、日常教育活动的层次看，班主任的工作是组织、教育、管理班级学生，班主任是学生班级的组织者、教育者、管理者；从内在的深层次看，班主任教育劳动，是促进学生精神发展的育人育德的精神劳动，班主任是学生的精神关怀者。哲学家雅斯贝尔斯认为"教育过程首先是一个精神成长过程"。班主任主要是从事以心育心、以德育德、以人格育人格的精神劳动。因此，精神关怀是班主任专业化的核心内容。

第一节 | **班主任专业化的意义**

　　"班主任专业化"是一个新提法，在我国于 2002、2003 年左右提出，这一提法，很快就引起了教育届广泛的关注。简单点说，班主任通过学习、实践、培训和自我培训达到班主任专业水平的过程，就叫班主任专业化。

　　班主任专业化已成为时代发展的必然要求。作为一项专门的工作，班主任应当具有更强的先进性和前瞻性，承担更明确的责任，具备更为专业的素质和能力，拥有更专门的知识，运用更富技巧的方法。只有这样，才能履行好自己的职责。因此，班主任要走专业化之路，以适应社会发展的需求，适应日趋深化的教育改革的需要。

　　班主任专业化的内涵与教师专业化的内涵相近。教师专业化是指教师在获得国家规定的学历标准的基础上，建立现代教育理念，锤炼崇高的职业道德，并经过教师职业培训而获得必要的专业知识、专业能力和教师资格，确保专业地位的过程。班主任专业化与教师专业化具有共同性，优秀的班主任首先应该是优秀的教师。然而，班主任的专业角色与教师的专业角色是有所不同的。

　　班主任除了和任课教师一样要完成教学工作外，还要履行班主任的职责。1952 年 3 月，教育部颁发的《中小学暂行规程（草案）》规定，"每班设班主任一人"。这标志着我国中小学从级任制转向班主任制。1963 年 3 月，中共中央颁布的《全日制中小学暂行工作条例（草案）》对班主任的职责作出了规定。到 1997 年 11 月，教育部、财政部、国家劳动总局发出《关于在普通中学和小学公办教师中试行班主任津贴的通知》，体现了政府对班主任工作作为一项专业性很强的复杂劳动的肯定，也标志着班主任专业地位的进一步提高和专业职责的进一步明确。1998年7月，原国家教委又制定了《中（小）学班主任工作的暂行条例》，提出了中学班主任的八条职责、小学班主任的七条职责，要求班主任对所辖班级学生的生活、学习、工作以及学生的素质和班集体形成与发展承担重要责任，对学生和班集体进行教育和管理。2006年6月，教育部又下达了《关于进一步加强中小学班主任工作的意见》，要求充分发挥中小学班主任教师在学校教育工作中的骨干作用，促进学生德、智、体、美全面发展。班主任工作不再是人人都能从事的一份工作，而是需要经过一定的专业训练，由教师队伍中的优秀分子担当的一项崇高而伟大的事业。

因此，所谓班主任专业化，就是以教师专业化为基础，以专业的观念和要求对班主任进行选择、培养、培训、管理和使用的过程。主要包括：在职业道德上，从一般的道德要求向专业精神发展；在专业知识和能力上，从"单一型"向"复合型"发展；在劳动形态上，从"经验型"向"创造型"发展。

"班主任专业化"或者说教师专业化并不是空穴来风，这里我们有必要简单回顾一下其发展历程。

在国际上，从历史发展看，教师教育体现了从"专业化"走向"反专业化"再到"专业化"的趋势。教育学的科学化与师资培育的"专业化"是18世纪启蒙运动与19世纪科学发展的产物，尔后为美、法等国师法之典范。20世纪60年代以来，现代化运动席卷全球，社会科学中的实证主义主宰教育研究的各个领域，成为教育研究的主流。教师教育的"专业化"因而转向"技术化"。20世纪70年代以来，后现代主义思潮蔓延到社会生活的各个领域，教师教育从"技术化"迈向彻底的"反专业化"。面对提升教师素质的社会压力和"反专业化"的挑战，世纪之交欧美各国都在寻求教师专业理念与制度的重建。"全美教学与美国未来委员会"相继发表的两份报告书——《什么最重要：为美国未来而教》和《做什么最重要：投资于优质教学》就是一个信号。这些报告书勾画了美国 21 世纪新型的"卓越教师"的形象，强调"重新设计教师的专业发展"，"重建学校使之成为学生和教师的真正的学习型组织"。

20 世纪 80 年代以来，对教师"专业化"的探索达到了空前的高度。在美国，围绕教师"专业化"的教师教育改革兴起了两大浪潮，极大地影响了世界各国的教师专业化探索。第一浪潮是自上而下推行的。其目标是追求教育的"卓越性"，实施教师"职能测验"，视学生的成绩支付相应的工资，由教育行政部门实施职务升迁制度。第二浪潮是自下而上推行的，其目标是追求教师的"专业化"，以教师的自律性为基础，从学校内部推进有创意的改革。在这两次浪潮中，越来越多的美国人意识到教育改革成败的关键在于教师。

美国卡内基财团组织的"全美教师专业标准委员会"倡导的《教师专业化标准大纲》，是一份迄今为止最明确地界定了教师"专业化"标准的文件，它明示了如下制定专业化量表的基本准则：

（1）教师接受社会的委托负责教育学生，照料他们的学习——认识学生的个别差异并作出相应的措施；理解学生的发展与学习的方法；公平对待学生；教师的使命不停留于学生认知能力的发展。

（2）教师了解学科内容与学科的教学方法——理解学科的知识是如何创造、如何组织、如何同其他领域的知识整合的；能够运用专业知识把学科内容传递给学生；形成达于知识的多种途径。

（3）教师负有管理学生的学习并作出建议的责任——探讨适于目标的多种方法；注意集体化情境中的个别化学习；鼓励学生的学习作业；定期评价学生的进步；重视意义目标。

（4）教师系统地反思自身的实践并从自身的经验中学到知识——验证自身的判断，不断作出困难的选择；征求他人的建议以改进自身的实践；参与教育研究，丰富学识。

（5）教师是学习共同体的成员——同其他专家合作提高学校的教育效果；同家长合作推进教育工作；运用社区的资源与人才。

不过，我们也有必要了解另一套话语系统——后现代主义的若干主张。在后现代主义者看来，基于产业社会的学校教育不过是把人当作"工具"来塑造的冷冰冰的甚至是毁灭人性的装置，是以技术主义、操作主义、功利主义为特征的；而教师的"专业化"不过是应试产业中单纯的甄别调整的装置罢了。21世纪的教育则是高举"人性"旗帜的教育，是一种充满爱心、平等对话的过程。它要求打破狭隘的教师"专业化"概念，强调教师作为"教育专家"的创造性侧面。教师不再是知识权威的代表，不再是以一种权威的姿态在课堂中"传道、授业、解惑"。知识权威不过是一种权力控制，必须解构。

后现代的教师教育必须使学生有更多的机会参与解构各种教育理论、教学理论、政策报告、研究报告。也就是说，后现代教师不再是权威的代表，而是一个解构者。在解构过程中与学生共同参与知识文化的建构与再建构。这样，过去教师教育课程所依据的教育理论、教学理论、学生发展理论、学校制度理论，都必须重新探讨。

从国际教师"专业化"探索过程的大体回顾，可以看出，教师专业化或者班主任专业化的问题是既老又新的问题。何谓教师？教师应当怎样？必须怎样？这些问题是任何时代都普遍存在的永恒的课题。对于教师专业化的探索尚在进行中，有许多问题有待思考和商榷。眼下许多优秀教师以树立某某教育理论为追逐目标，并不一定是教师专业化的必由之路，教育理论家所追求、所拥有的理论知识，并不就是要求中小学教师创造理论知识。对于教师来说，反思自身的教育实践也许更为重要，作为教师的实践性知识，有其特定的含意，特别是借助于教育理论观点下的案例解读，逐渐积累而成的富有个性的教育实践的见解与创意，对于班主任的专业化成长具有更大的价值。

班主任专业化的意义在于：

一、有助于提高班主任的社会地位

班主任社会地位和学术地位的提高，尽管与政府的重视和社会、家庭的信赖有关，但仅靠改善待遇和提高声誉是远远不够的。班主任只有自己行动起来，努力提高自身的专业知识和专业能力水平，使自己从经验型向研究型班主任发展，使自己的专业成熟程度不断提高，真正成为训练有素的、不可替代的角色，才能从根本上改变班主任的职业形象，提高其社会地位和学术地位。

就班主任个体来说，要时刻面对上级主管的审视，面对学生的期待，面对教师群体的关注。如果不练就开展班级工作的真本事，不但得不到上级主管的认可、同事的钦佩，而且得不到学生的拥戴。因此，班主任必须努力提高专业水平，不断提升自身修养，以成为专家型的班主任。

二、有助于适应教育自身发展的需要

随着知识的迅猛增长和教育改革的不断深化，社会对教育工作者专业发展的关注达到了前所未有的程度。可以说，世界各国每一份教育改革方案和每一份学校改进计划都强调教师专业发展的必要性。早在1966 年，国际劳工组织和联合国教科文组织在《关于教师地位的建议》中就提出："应把教育工作视为专门的职业，这种职业要求教师经过严格的、持续的学习，获得并保持专门的知识和特别的技术。"把教育工作视为专门职业，要求教师职业的专业化。班主任职业的专业化，其重要性甚至超过一般教师的专业化。

三、有助于强化班集体建设

班级是学校进行教育、教学工作的基本单位，是学生个体接受各种教育影响最重要的社会化场所。所以，班集体建设水平的高低直接影响着学生品德的健康发展。而良好的班集体的形成，需要班主任精心地组织与培养。班主任既是班集体的建设者和指挥者，又是学生的严师、慈母和朋友，其所作所为直接影响和决定着班集体的精神面貌，乃至学生身心健康发展的趋向。正是因为班主任工作的特殊地位和作用，其专业化才有其独特的意义和价值。

班集体的建设是一项极其复杂、专业性很强的工作，它不仅需要班主任具有先进的教育理念和崇高的人格魅力，而且更需要丰富的教育实践智慧和厚实的专业基础与能力。虽然影响班级德育和班集体建设水平的因素很多，如校风、学生自身素质、师生沟通的程度等，但班主任自身的素质水平是最关键的因素。班主任只有不断地提高自身的专业水平，认真处理好教师主体和学生主体、刚性管理和柔性管理、物化环境和心理环境的关系，才能使学生的道德品质和班集体发展水平迅速提升，促进学生身心的健康成长。实践证明，班主任的专业化程度越高，学生思想素质提高的速度就越快，班集体建设的水平就越高。

四、有助于促进学生人格的健康发展

班主任工作是以心育心、以德育德的精神劳动，这就需要班主任以高尚的人格魅力去影响感化学生。在实际工作中，班主任要比其他任课教师更加需要具备诲人不倦的工作作风和严于律己的工作态度。对于学生，尤其是后进生，班主任不仅不能厌恶、排斥，而要更加关照他们，以极大的热情和耐心教育和感化他们。为此，班主任必须在练好教学基本功的基础上，努力强化个人的道德修养，尊重信任学生，关心热爱学生，建立民主平等的师生关系。同时，班主任工作又是一门艺术性很强的学问。无论是主题班会的召开，还是良好氛围的营造，都需要高超的教育艺术；学生心灵的净化与精神的健康，更需要高超艺术的铸就。没有班主任的专业化，就不可能实现上述目标。

刚踏上教育岗位时，我就担任了班主任，一干17年。后来，担任过政教处副主任、副校长，现在还担任德育处主任，无论岗位怎样变化，都始终与班主任工作紧密相连。我热爱班主任工作，从事班主任工作，研究班主任工作，从中品尝了艰辛，品尝了失败，也品尝了快乐，品尝了成功。我在班主任工作的领域里辛勤探索，对班级活动、班级管理、家校协同教育等许多课题作了研究，形成了自己的见解。我取得了一定的成绩，党和政府授予我省级专家、特级教师的光荣称号。我觉得在班主任工作岗位上完全可以实现自己的人生目标和幸福追求。

有人认为班主任难以成为专家。其实，专家，就是专门家，就是在某一领域里有实践有研究有创新有建树的专门家。专家可以有党和政府授予的光荣称号，也可以是为同行所公认的专家，专家并不是高不可攀的。只要立志奋发，不懈追求，勇于创新，就一定能实现心中的理想。在20多年的实践中，我逐步形成了以下有特色的工作见解。

1. 班级活动是最有魅力的德育

"生命在于运动，德育在于活动"、"没有活动，就没有教育"，班级活动是班会课的主要形式。精心设计、实施的班级活动要寓教育于活动之中。一次精心组织的班级活动，能使学生充分受益，终身难忘。在积极实施素质教育的今天，班级活动能使全班学生综合素质得到提高，得到和谐、健康的发展。

为此，我深入进行了中学班级全程系列活动的研究。以系列活动的形式，每学期围绕一个主题开展系列活动，每学期的系列活动之间又具有层递性。这样，初中阶段6个系列活动，高中阶段6个系列活动，12个系列活动领起120个活动，向学生展现了丰富多彩的生活画面。

中学班级全程系列活动的时间主要是在班级活动课内进行的，少数在周日或假期进行。中学班级全程系列活动，原来叫"初中班（团、队）全程系列活动"，因为当时局限于初中段的研究。当时还有个提法叫"三阶六十步"。起名"三阶六十步"，是得益于著名特级教师洪宗礼的研究。当时江苏省泰州中学有一批语文教学的专家、学者，我记得每次教研活动都搞得很好，座谈、交流是用得最多的形式，大家各抒己见，滔滔不绝。有次洪宗礼谈到他当时发表在山西《语文教学通讯》上的研究成果"作文训练的三阶十六步"，是将作文训练分成 3 个台阶，进行 16 个专题训练，这给了我很大启发。我感到班级活动也可以根据需要，依年级分成 3 个台阶，每个系列活动分成 10 步进行，这样便称之为"三阶六十步"。以"三阶六十步"命名，生动形象，特别是上海、北京、江苏的报刊介绍后，传播甚广。1987 年我应邀到北京开会时，《班主任》主编王宝祥特意安排我在会上作了专题发言。

在会上，一些专家就指出，构想和实践都很成功，但是命名不够得当，因为人为地分为几个台阶，不符合学生成长的规律，特别是不符合学生道德品质发展的规律，他们提议不如提"全程"。"全程"比较明确，比较通俗，因此就定名为"初中班级全程系列活动"。后来，又进行了高中的研究，就综合为"中学班级全程系列活动"。

除了全程系列活动外，我还开展了形式多样、内容丰富的活动。比如，"班级十佳"活动。我感到评选先进不能着眼于少数"尖子"，要着眼于全班，培养更多的"尖子"；评选先进也不能只着眼于学习，要着眼于各个方面，鼓励学生全面发展。因此，应该从思想道德修养、班级工作、文化学习、体育锻炼等多方面树立典型。基于这样的认识，我认真推敲了班级小十佳的提法，确定为"班级工作最出色的同学"、"学习成绩最优秀的同学"、"赶超先进最突出的同学"、"遵守纪律最自觉的同学"、"改正错误最坚决的同学"、"勤学好问最主动的同学"、"尊敬老师最真诚的同学"、"体育锻炼最积极的同学"、"作业书写最认真的同学"、"日常相处最友爱的同学"。

2. 每个同学得到班级工作的锻炼

对班委会工作，许多老师认为，主要是管好班级。我认为班委会工作，不仅要让学生能学到管理班级的本领，更要有利于学生综合素质的提高，是学生成长的重要途径。同时，我们不能只培养少数班干部，而应该让更多的学生、全体的学生通过班委会工作得到锻炼，得到提高。为此，我作了初中段班委会全程设计。

初一（上）：班主任提名的班委会选举。

初一（下）、初二（上）：责任班委会、全班同学以横排为单位（打破行政组局限），轮流组成责任班委会。工作中三交：交职责，交经验，交建议。

要明确班委会的工作职责，让每个班委知道他应该干什么，要鼓励班级干部的创造性。

初二（下）：竞选班委，让有特长的同学，通过竞选担任班干部。由于班干部岗位较多，可以让较多的学生得到锻炼。

初三（上）：竞选班长。意在让有"学生领袖"潜质的同学脱颖而出。竞选班长，班长"组阁"，实行班长领导下的班委会责任制，更多地与社会生活接轨。

初三（下）：在初中两年半工作的基础上，评选出最佳班委会。

我常想，学校生活是应该为学生多方面地提供学习机会的。干部工作应是学生学习的重要内容。

为了让班委会更好地开展工作，我指导班委会组建起班级"资料库"，班级"资料库"收有以下材料：

（1）《班级日记》（或称《班级一页》）：由每个同学轮流记录。

（2）《班级日志》：由班长记录。记录班级当天活动情况，如课堂纪律、作业量等。

（3）《考勤簿》：由副班长记录。记录学生出席情况。

（4）《班级活动记录簿》：由班长负责。记录每次班会、班委会的活动情况。

（5）《光荣簿》：由副班长负责。记录班级的先进事迹、班集体和同学们的获奖情况。

（6）《各科成绩一览表》：由学习委员负责制作。

（7）《班级优秀作文选》：由学习委员或文学社社长负责编选。

（8）《作业收交情况记录簿》：由课代表、小组长分别作具体记录，学习委员负责。

（9）《黑板报记录簿》：由宣传委员负责，将每期黑板报缩样留存。

（10）《班费簿》：由生活委员负责。记录班费各项收支情况。

（11）《卫生值日记录簿》：设"每天值日情况检查表"、"卫生包干区分工一览表"，由劳动委员和值日生填写。

（12）《体育达标成绩统计表》：由体育委员负责。

（13）《文娱活动记载簿》：由文娱委员负责。

3．教育家长

在长期的实践中，我还认识到，班主任重要的工作之一是"教育家长"。班主任要与家长建立战略伙伴关系，认识趋同，动作配合，形成合力。我的家校协同教育十法有：改变家访观、建立学生家庭档案，建立"接待家长日"，设立"班级家庭联系册"，和班级家长委员会一起工作，编写家校协同教育小报，开好全程家长会，评选优秀家长，请家长参加班级活动，构建学习型家庭，运用现代科技手段加强联系。

如，建立"接待家长日"。

设立"接待家长日"。确定每周内某一个半天为"接待家长日"。届时家长可随时校访。

如，编写家校协同教育小报。

我曾办了一份小报《班级与家庭》。该报逢十出刊，8开版面。作为班级的报纸，具有较强的针对性、指导性和可读性。实际上也成为了家长、学校的学习教材。

如，评选优秀家长。

评选优秀家长，可每学年进行一次。这样，通过一段时间的考察，既可以比较准确地反映家庭教育的水平，又能激励家长互相学习，取长补短，以促进家庭教育质量的提高。

再如，构建学习型家庭。

（1）营造读书环境。班主任应指导家长为孩子设一个书架，添置 20~30 本有助于学生成长的"精神读物"，为孩子营造读书的氛围。对"精神读物"，我主张以人物传记为主，革命家、科学家、艺术家的传记是首选，这既有利于学生寻找"重要他人"，又有利于学生积累写作所需的论点、论据，可谓是一举多得。

当然，由于城市、农村发展不一，家长的经济条件不一，这一点可积极倡导，不能勉强行事。

（2）推荐家庭读物。班主任可以向家长推荐优秀的家庭报刊，组织家长参加征文、咨询等活动。

（3）开展同读名著活动。长期以来，假期是学校教育工作的薄弱环节。在假期中，可开展父母与子女同读一本名著的活动。由于两代人的阅历、认识的不同，写读后感，写书评，有助于交流。有时学校颁发的"读书令"会遭到少数家长的非议，但读书成为了兴趣、成为了习惯后，也就成为了一种生活。

4. 班级文化建设

随着班主任工作的深入，我感到班级文化的建设对班集体的形成，有着重要作用。班级文化是班级内部的共同的思想、作风和行为准则等的总和。班级文化建设，是指班级文化的构想、营造和创新。班级文化建设的核心是爱心，主体是学生，关键是参与。我认为班级文化建设有五个要素。这五个要素是：①明确的奋斗目标；②多角色的合作团队；③向上的生活环境；④丰富的班级活动；⑤积极的舆论氛围。

（1）教室的名言布置

在实践中，我认为教室的名言布置，可有三类：①名人名言。这些名人名言经过岁月的锤炼，闪耀着真理的光辉。名人的成就又加重了这些名言的分量，对学生有很好的教育作用。长期以来，我收集了不少名人名言。每学期开学就供学生选择。②教师名言。请任课教师结合教育教学实际撰写。任课教师如能结合学科特点撰写，学生更感兴趣。这也有利于增强教师威信，促进师生感情交流。③学生名言。学生在生活中把他们的感受以精炼的语言总结出来，既是文字的锤炼，也是思想的升华。而把他们的"名言"在教室里张贴出来，他们在惊喜之余，会更好地实践。这是学生自我教育的积极有效的形式。

（2）"精神接力"的班级日记

班级日记由同学们依学号顺序轮流执笔。通过多年的实践，形成了这样的特点：在内容上，力求做到"四结合四为主"，即记实（具体情况）与记虚（思想认识）相结合，以记实为主；记当天与记以往相结合，以记当天为主；记集体与记个人相结合，以记集体为主；记重大题材与记普通题材相结合，以记重大题材为主。在格式上，形成了三块模式。第一部分，是抄针对性的格言（也可"每日一言"），这是让学生"脑中要有格言录，胸中要有英雄谱"，通过与高尚的人交谈，加强心灵陶冶。第二部分，是文章的主体，即做到"四结合四为主"。通过对班级的观察、分析，要求学生关心集体，提高学生观察、分析、认识、解决问题的能力。第三部分则是对前次日记记录情况的简要评价。如观察是否全面、分析是否中肯、记录是否及时等。班级日记选用精美的日记本。翻开日记本，扉页上有着学生用稚嫩的笔法写的座右铭。班级日记的第 X 篇，常由我来写。因为我感到，在这"班级接力长跑"中，班主任是领跑人。

现在我虽不担任班主任工作，但作为德育主任，仍然从事班主任工作研究，仍然和班主任在一起，和学生在一起。我感到活力无限，我愿意尽我的努力为学生的成长贡献力量，为中国班主任学的发展贡献力量！

第二节｜**班主任专业化与反思**

　　美国教育心理学家波斯纳指出，没有反思的经验是狭隘的经验，至多只能是肤浅的知识，他提出了教师成长的公式：成长＝经验＋反思。

　　所谓反思，就是班主任把自己作为研究的对象，研究自己的教育理念和实践，反省自己的教育实践、教育观念、教育行为及教育效果，以便对自己的教育行为进行及时的调整。通过反思，教师在自己的教育实践过程中，批判地考察自己的行为，或给予肯定与强化，或给予否定与修正，从而不断提高其效能。

　　班主任的自我反思是一个发现问题、分析问题到解决问题的循环往复的过程，反思一般是在行动和观察之后进行的，通过对个体经验的回顾、诊断和自我调适，从而促进班主任教育观念的更新和对有偏差的教育实践活动的矫正。它既是第一个行为循环的结束，也是新的行为的开始。

　　反思具有如下特点：

　　（1）反思目的的超越性。一个人如果对现实和自我十分满意，一般倾向于维持现状，很难产生反思的动机。反思源于对现实和自我的不满，其目的是要改变现状，超越自我，使一切朝着更好的方向发展。

　　（2）反思态度的批判性。批判的态度首先意味着要对反思的对象进行客观的、理性的分析，分清真理和谬误，把握问题的实质，以求有一个全面而深刻的认识。

　　（3）反思结果的建设性。反思的目的在于超越，在于改进。这决定了反思虽然持批判立场，但是其结果却往往是建设性的。它主要体现在两个方面：①引发深入思考；②付诸改进行动。

班主任反思的对象十分宽泛，但凡现实社会中出现的失误，无论是具体的还是抽象的，大多可以纳入到反思的范畴之内。班主任是一项特殊的职业，这就决定了班主任反思的内容在总体上呈现出一定的独特性。

班主任的反思对象可分为：观念反思、角色反思、言行反思、方法反思。

一、观念反思

雅斯贝尔斯说："教育是人的灵魂的教育，而非理智知识和认识的堆积。"也就是说，教育是培养人的活动，其重要特征就是它的人文性，而终极目的是"培养人"。进入 21 世纪之后，世界各国的教育改革都十分注重对学生人文素质的培养，强化人才素质，以适应国际人才竞争的需要。为此，班主任要反思自己的教育观念及教育行为，牢固树立素质教育观，既要考虑培养满足社会需要的人才，更要考虑如何更好地实现人性的发展和完善，扎扎实实地推进素质教育，使学生的身心及个性得到健康发展，成为知识的主动建构者和社会主义建设的创新型人才。

二、角色反思

由于时代发展与教育发展的需要，班主任对自身职业生命的认识逐步深入。班主任不仅是知识的传授者，而且是道德的引导者、思想的启迪者、心灵世界的开拓者。班主任的角色定位不同，教育期望也会不同。现代意义上的班主任，应该是真善美的追求者、自身职业生命内涵的提升者、走向自我终身发展的反思性实践者。因此，班主任必须把自己当作一个知识和思想的助产士，以尊重与平等的心态面对学生，宽容地理解他们，并给予积极的心理支持。与此同时，不断总结反思自身教育实践中的优劣得失，完善自身，提升班主任职业的生命内涵。

三、言行反思

俗话说，榜样的力量是无穷的。现实中存在着许多学生不喜欢但又潜移默化地给学生负面影响的班主任言行。因此，班主任要担当起培养人的任务，自身必须是一个在各方面都值得推崇的模范。康德曾经说过："只有人能教育人，换言之，即自身受过教育的人才能教育人。"班主任应给学生树立一个良好的榜样，以自己良好的言行、高尚的人格来教育和塑造学生的人格形象。

四、方法反思

班主任除了必须转变教育观念外，还必须努力探索适应新的教育改革和发展形势的教育方法，时时对自身的教育实践和教育方法进行反思。在教育实践中，班主任要大力营造班级学习情境，创设学生学习生活的良好氛围，形成正确的舆论导向；要坚持激励赏识教育，让每个学生都能看到自己的闪光点，感受到自己被关注，享受到成功的喜悦；要坚持正面教育为主，宽容理解学生；要善于对学生的错误言行进行正确的引导，决不姑息迁就；要坚持集体教育和个别教育相结合，学校教育和家庭教育相协调，因材施教，正视差异，发展个性。其中，最关键的是要热爱学生，心中有学生。

　　那天语文课，我正在讲一个感人至深的母爱故事。同学们都聚精会神地注视着我，但我发现男生小余的眼神游离不定，似乎在偷看什么东西。我假装没有发现什么。过了一会儿，我趁学生朗读的时候，悄悄地走到小余身边，看见他正在摆弄一个精致的打火机。我伸手示意让他把打火机给我，他迟疑片刻后把打火机交给了我。我注意到他一直低头不敢看我，满脸绯红。我仔细地看了看：原来打火机上有一个全身赤裸的外国女郎的图片。我不动声色地把打火机揣进衣服口袋里，继续上课。

　　下课后，我没急着找小余，而是寻思着怎样处理这件事。这是一个学习成绩糟糕、不遵守校纪校规、脾气暴躁的孩子，动不动就会和人大声争吵，并且语言粗俗，缺乏教养。这样的孩子，怎样引导他成长呢？

　　放学后，我把小余叫到办公室。我发现他满眼满脸都是胆怯。我没有转弯抹角，而是直接拿出打火机问："你一直在看打火机上的图片吗？"孩子点点头。我接着问："打火机上无非就是一个女性的身体，值得带到课堂上来看吗？"孩子不敢吱声。我顿了顿说："其实，这也没有什么大不了的。性别不一样，身体的特征就不一样了，无非就是一个男性与女性的差别。这就跟你是男性、母亲是女性这个道理一样。你长大了，将来也要成家立业，但你现在没有必要把时间花在这种无聊的事情上，你说是吗？"孩子使劲点点头。接下来，我给他讲社会对男性的要求、男性对家庭的责任，希望他能把精力转到学习上来。

　　这一次谈话非常愉快，孩子丝毫没有抵触情绪。临走时，孩子说："老师，你能把打火机还给我吗？这是我亲戚的。"我笑笑，把打火机递给了他。他拿到后，一把撕下图片扔进垃圾筐里，冲我笑笑说："谢谢老师，我回家了。"从这以后，这个孩子逐渐地变了：上课越来越认真，性格也越来越温和，再加上所有任课教师不失时机地表扬和鼓励他，他的学期期末考试成绩竟跻身全班前15名。

当我看见小余同学和其他学生在操场上尽情玩耍时，当我看见他在课堂上专注地学习时，当我看见他主动帮助老师做一些小事时，我都会暗自高兴，十分庆幸自己当初的理智。其实，当今的中学生虽说只有十三四岁，但他们已通过各种各样的渠道获取了许许多多的信息，加上生活水平的提高，学生们发育得都比较早。因此，蒙蒙胧胧中，他们对异性很好奇，想方设法得到关于异性的知识，甚至幼稚地萌发了"谈恋爱"的念头。如果我们教师还抱残守缺，用我们"当年的单纯"来衡量他们，"谈性色变"，就永远无法理解他们，更谈不上引领他们成长。因此，我们要直面学生的现实，既不躲避，也不采取压制的办法。这个时候，我们沉着冷静，不用堵而用疏的办法或许更加有效。

试想，如果我对于那件事不够冷静，认为这是学生思想肮脏的反应，甚至是伤风败俗的丑事，当着全班同学的面大声斥责他。那么，可能会有两种结果：①反正被羞辱过了，破罐子破摔，再找一些"臭味相投"的同学，壮大力量与老师作对；②可能觉得抬不起头，变得更加内向、暴躁。如果真是这样，那就不仅仅给自己的工作带来困难，更重要的是耽误了一个孩子的一生。作为教师，我们的一言一行、一举一动都对学生起着或大或小的影响。因此，我们必须谨慎地处理好每一件小事。

进行教育反思，对班主任提出了一定的理论要求和实践要求。班主任要掌握一些方法，才能更好地进行反思。比如通过阅读进行积淀，和同行、名师交流对话，参加专业培训吸收群体智慧，写好教育反思等等，这些都是进行反思的具体方法。

1. 阅读

"让阅读成为我们生活的必须，让书籍成为我们的精神伴侣"，这是窦桂梅在她的文章《读书，我们必须的生活》中的核心话语。全国著名特级教师张万祥说，书籍是学校中的学校。对一个教师而言，读书就是最好的备课。

年轻的班主任没有经验，要想做好工作，有效的办法就是阅读一些班主任工作方面的书籍。这些书一般都是有经验的优秀班主任的工作总结。通过阅读，可以从他们的成功中吸取经验，从他们的失败中吸取教训，并把书中的教育教学方法、班级管理策略等在自己的工作中付诸实施，寻求适合自身的教育模式，并提升自己的理论修养，促进自身的专业成长。阅读人文社会科学书籍，可以开拓眼界，更新知识的储备，构建与学生交流的话语平台，并引领学生共同分享阅读的快乐，在潜移默化中促进学生的成长。

班主任还可以根据自身的兴趣爱好选择图书。爱好文学的班主任，能够体会文学带给生命的莫大欢愉，与学生一同分享诗意的人生；爱好科学的班主任，他班级里的学生往往更富有创新精神；而博古通今的班主任，则是学生眼里最有魅力的人。在这里，我们要强调，读书并不仅仅是为了储备知识，而是要将书籍里的精华内化为自身的品质。

2. 与同行交流对话

萧伯纳说："倘若你手中有一只苹果，我手中有一只苹果，彼此交换一下，那么你我手中仍然各有一只苹果；但倘若你有一种思想，我有一种思想，彼此交换一下，那么各人将有两种思想。"班主任的自我成长离不开同行之间的相互交流、切磋与合作。同行彼此之间共同分享教学经验，共同探讨班级管理的各种策略，交流在工作中的心得体会，可以使自身的教育教学经验日益丰富，在丰富的积累中突破创新，在专业化过程中共同成长。

随着网络的发展，教育博客成为教师交流的新平台。班主任可通过博客这一社会性软件，用心灵书写日志，建立起跨越时空的网上头脑风暴群。班主任和各科教师在各个博客网中写下自己的教育理念、教育心得、教学方法、班级管理策略、心情小诗等，成为教学研究的有效途径。在博客里，教育工作者记录着自己的随想，与同行探讨各种教育问题。这里不再是几个老师之间的交流，而是成千上万的教育工作者的交流。博客是个人性和公共性的结合体，其精神核心不是自娱自乐，而是经验、智慧的相互分享。

3. 向名师学习

牛顿说，他的成功是因为他站在巨人的肩膀上。年轻的班主任要想不断地提高自己的专业素养，尽快地成长为专家型的班主任，也必须站在巨人的肩膀上，即向优秀班主任学习，向名师学习。这是年轻班主任提高自我修养的一条重要途径。那么，向名师学习什么呢？名师之所以成为名师，是因为他们有优秀的人格修养、先进的教育思想、丰富的教育机智和教育经验，有高超的教育管理艺术和教育管理能力，有无私奉献的敬业精神。向名师学习，就是要学习他们无私奉献的敬业精神、先进的教育思想、充满智慧的教育经验、良好的学习和工作习惯，以及丰富的教育管理经验和教育管理能力。

向名师学习，可以通过聆听名师的讲座与报告，通过观摩优秀班主任的班级管理活动，通过与名师面对面直接交流，通过网络向名师学习。现在，很多优秀的班主任在网上建立了自己的主页，年轻的班主任可以通过登录这些网页与名师交流，向名师学习。

4. 写好教育反思

苏霍姆林斯基毕生躬行于教育一线，与孩子朝夕相处，坚持写了32 年的教育日记。他在《给教师的 100 条建议》中写道："我建议每位教师都写教育日记。教育日记并不是在形式上有某些要求的正式文件，而是一种个人的随笔和札记。这种记载对日常工作颇有用处，它是进行思考和创造的源泉。每位善于思考的教师都有自己的体系、自己的教学素养。如果一位内行的、富有创造性的教师，在结束其一生的创造劳动时，把他长年劳动和探索中的一切成就都带进坟墓的话，那将失掉多少珍贵的教育财富啊！"他的话启发我们必须重视教育写作。

其实，教育写作是教育工作者一个古老而又年轻的行动，最早始于中国的《学记》，仅仅 1229 个字，却道出了教育思想的精华。后来，夸美纽斯的《大教学论》、赫尔巴特的《普通教育学》使得教育写作演绎成一种专业性质的著述。还有很多教育家以小说或诗歌的形式阐述自己的教育思想，如卢梭的《爱弥尔》、洛克的《教育漫话》等。这些经典的教育著作为我们提供了丰富的教育资源。

随着教育科研的发展，很多一线的老师参与到教育写作的队伍中。如今，越来越多的学校对班主任和任课教师提出了一定的科研要求，并将其作为教师工作业绩的一项指标，从制度上规定了教科研的任务。与此同时，教育日志正在成为一种主要的教育科研方式。许多班主任将每天工作中遇到的问题和困惑记录下来进行反思，在反思中寻找解决问题的出路，并探寻建构具有自身特色的教育方法。我国一些著名的班主任用心书写教育工作，像魏书生的《班主任工作手记》、李镇西的《心灵写诗——李镇西班主任日记》等，都是他们在长期的班主任工作中凝练出来的教育智慧。班主任还可以与学生分享自己的教育随笔，向学生敞开自己的心扉，让学生了解班主任工作的状态，实现心灵与心灵的沟通。这样做，其实十分有利于班级工作的顺利进行。

近几年的教育实践表明，博客特别适合班主任结合自己的工作撰写教育故事。首先，博客的技术性门槛低，只需要简单的操作就可以进行信息发布，具有很好的普及性。其次，班主任可以在任何时间、任何地点把自己的灵感记录下来。同时，博客是一个保存和整理教育叙事的场所。再次，博客使各种新的学习组织形成，实现了知识共享、经验共享、经历共享，突破了个人的小圈子，打破了地域和时间的限制。

随着教育改革的深入发展，班主任专业化日益成为必然趋势。班主任专业化是以教师专业化为基础，以专业的观念和要求对班主任进行选择、培养、培训、管理和使用的过程。班主任专业化与班主任的自我成长密切相关，是班主任有意识地吸取各种理念，努力塑造健全、完美的人格，不断自我建构的过程，是在和学生、家长、任课教师的交往中实现自身的生命成长的过程。班主任要在自我的不断学习与反思中走向成长、成熟。

做研究型的班主任

在教师反思研究中，人们从不同的角度出发，提出了多种反思的途径。其基本途径有两种：基于日常工作的反思和基于研究的反思。

一、基于日常工作的反思

班主任工作是一项实践性很强的工作，班主任要想提高自己的工作水平和工作效果，必须在日常工作中及时进行反思。班主任的工作繁杂，班级里每天发生的事情都是班主任的工作对象。这些工作中蕴涵了丰富的反思资源，班主任应在第一时间进行反思，因为事情刚刚发生，细节历历在目，此时反思有利于全面把握事情的经过，清晰地梳理其中的功过得失。但是，趁热打铁式的反思有时会有"不识庐山真面目，只缘身在此山中"的不足。因此，班主任应在不同的时间，从不同的角度，以不同的角色对实践进行反思。

二、基于研究的反思

20 世纪 70 年代中期，斯滕豪斯提出"教师即研究者"的观念，这对班主任专业化发展具有指导意义。提到研究，许多班主任会有畏难情绪，觉得研究是专家的事情，自己难以胜任。其实，这是对研究的误解。研究不一定要以建构一套系统的理论体系为目标，也不一定要以纯理性思考的方式进行。它可以是对一个教育案例客观而深入的剖析，可以是对一种教育现象冷静而理性的反思，也可以是对一条教育原则独辟蹊径的诘问。总而言之，在班主任工作中，研究的时机处处都有，反思的方式多种多样。

之所以现代教育要求班主任老师是研究型的，是因为：

（1）现代受教育者人数众多，学生的自主性增强，学生知识的准备状况和受教育的起点提高；另一方面，学生良莠不齐、优劣参半的情况也比以往要普遍。因此，现代的学生"更难教"。

（2）教育的条件和外部环境发生了巨大变化，影响学生健康成长的负面因素比以前明显增多，教育不可能像过去那样继续在一个相对封闭的状态下进行。因此，现在教育工作"更难做"。

（3）时代、社会的发展对教师和教育的期待，对受教育者的综合素质的要求，对新的教育理念、教育模式、教育技术和教育方式、方法的运用要求更多、更高，现代的教育工作面临的变化和革新的挑战也更多。因此，现代的教师也"更难当"。

班主任的研究与反思是相互促进的。人云亦云，亦步亦趋，不是研究应有的品质。研究贵在创新，贵在有研究者独到的见解。因此，研究者必须有良好的反思品质，在不断怀疑和追问中发现新问题，提出新观点。理论研究，则可以让班主任得以站在"巨人的肩膀上"来审视和反思自己的工作。因为起点较高，视野较广，这种审视和反思容易走向深入。

"你已做了10年教师并做了10年研究了！"此时，我说话的对象是我自己。这种无形的提醒，推动我不断地反思那些带有审美意蕴的研究生活：步履蹒跚地走了10年，我的研究定位到底在哪里？我的研究行为是否科学？我的研究结果是否可信？这些发问让我带着一种怀疑审视自己的研究经历，而这些思索也让"我"和"自己"结成了新的自我认识的联盟。

问路：为了我自己而研究

刚参加工作时，我的研究目的自然地定位于让我以称职的素养开展工作。在研究中，我不断地寻找提升我的素养的实践策略。比如，我和学生通过签合同来提高师生的成长质量。在《关于说普通话的合同》中，签约的甲方为全班同学，代表是班长；乙方则是我。合同内容共四条：①师生在任何场合下都要说普通话；②本合同从签订日起生效，并永远有效；③如果违约，被发现了，要找 10 个听众，违约者用普通话读一篇优美的散文；④我要负责搜集有关材料，对全班学生进行普通话培训，并必须保证授课 15 节以上。这份合同，定位在师生共同成长提高，真正操作时，却只用来监督我了。

研究使我的素养在短时间内快速地提高，我的教育教学效益得到了有效的保证。因为我的工作业绩比较突出，在我参加工作的第三年，教育局在我所在的学校召开了一次现场会，推广了我的一些做法。这让我自得了很长时间。

但是这种肤浅的自得，很快就灰飞烟灭了。

"老师，初中时您让我们通过一个星期修改一篇文章来提高写作水平，现在的老师可不这样了。他天天让我们写几句，但就是不倡导我们修改……"

2001 年的一个周末，已毕业的几个学生来看我，我正忙于修改学生的练笔手稿。学生们边翻阅我已提过修改建议的作文边向我抱怨。其实，听毕业的学生有类似的抱怨，我早习以为常。我在初中通过实验让学生养成的语文学习体系，到高中后几乎都得被新老师打破。

"……小诚，既然大家都在通过批注《西游记》来提高语文素养，你为什么也不这样做呢？亲近经典，这可是提高语文素养的一个重要途径呀！老师相信你能做到的……"这是我写在两篇练笔手稿上的话，我正按照自己的实验要求给刚入初中的学生们提学习建议。

听着学生的抱怨，读着我写的学习建议，我怔住了，因为我也正在像已毕业的学生说的那样——"现在的老师可不这样了"，我正在要求学生改变、放弃小学时已经具备的语文学习习惯。这正如学生们到高中后为了适应老师的要求而放弃初中具备的东西一样。

我把学生当作研究对象之一，从理论上假设通过实验可以在他们身上预期出现哪些效果。可是，实验过程中的自变量、因变量等这些变量因素是不可能完全有效控制的，这将影响实验的成效，甚至导致实验失败。我的实验带有一定的风险性，而风险的责任客观上是让学生来承担的。当发现了自己具有某一教学个性的潜质时，我便给自己确定了一个关于教学个性形成的实验课题。实验开始后，我几乎在每一节课上都根据实验的要求练习，追求我的教学个性的早日形成。那时，学生成了我的陪练，好像学生来学校就是为了帮助我铸就课堂教学个性的……

在内省中，我痛心不已，这种定位于提高我的职业素养的研究，狭隘至极。内省对我这样一个初做研究的年轻教师太重要了，因为这是一种最好的"问路"方式。"悟以往之不谏，知来者之可追"，正是这样的教训、隐痛，促使我不断地内省，也变成了我研究的内在动力，更成了我的一种研究自救与自赎。

铺路：为了工作而研究

作为一名基层教师，备课、上课、改作业……这都是体现我的生命价值的教育存在，有没有能更好的表达我的教育存在的方式呢？我在不断地寻找，我也找到了。把我手头的日常工作都当作研究课题去对待，那就是一种高层次的教育存在。

想到了，我自然时时处处地践行，就连学生和我打招呼这一细节我都研究一番。学生和我打招呼的方式有"老师好！""老师您好！""王老师好！""王老师您好！""老王头好！"等几种。同样是一个班级的学生向我打招呼，为什么学生在不同时期的问候语不一样？我认为这是因为师生关系的内涵有差别。"老师好！"是一个没有感情色彩的问候，这表明我与这位同学的关系不融洽，这位同学可能不认可我；"老师您好！"称呼里隐含着敬畏，说明这位同学有些怕我，他会防着我，我很难看清这位同学的真实个性；而冲我扮鬼脸打招呼的学生则很信任我，和我的关系是非常融洽的。

当然了，我的研究有时也是为了解决一些工作中的大难题。比如，为了解决我在班级和不在班级时班级建设是两个状态的僵局，我选择了"自主化班级管理"的研究课题。"自主化班级管理"是一种在自主教育理论指导下进行的班主任自主管理班级、学生自主发展的以培养学生的创新性人格为价值取向的教育管理实践。在几年的实验中，形成了具体的操作流程："分解目标，构建体系；纵横建制，职能并举；双线管理，网络健全；团队带头，组织引导；专项承包，责任具体；合作竞争，自我加压；自我分析，追求卓越；形成制度，操作规范。"

工作研究的扎实推进，繁杂的研究内容拓宽了我的研究视阈，使我的研究步履从容了不少，为日后的研究层次的升格铺平了道路。但是，我的工作研究的随感式痕迹明显，遇上什么问题就研究什么问题。这样的研究，我只是用一些结论来撞击教育同仁的心灵而已，听起来是这么回事，但终究不能看成是学术结论。

择路：为了学生而研究

那一届中考，有3位同学进入全区前四名。学校的语文中考前6名全是我的学生，第7名有四人并列，两人是我的学生，成绩过100分的（满分120分）全是我的学生。但是，当我跟踪、分析学生到高中以后的语文学习情况时，我却遗憾地发现他们的学习成绩并不是非常突出。对此，我很难过，因为我怀疑给学生的初中语文教育没有文化影响力，只是很肤浅地让学生记住了考试会考到的基础知识、学会了考试的技巧。另外，成绩发布后，我联系学生想进行一次庆祝会。但学生来的不齐，不来的学生中，绝大多数语文成绩并不优异。

后来带新班，我就开始研究并实践学生的个性化发展。这反映了我的研究中心的转向，也体现了我的新研究路径。

　　我国中小学班级授课制的目标长期定位于"形成班集体"。这在一定程度上忽视了学生的个性化成长需要，压抑了学生的个性。于是我开始了具体操作：通过研究学生的当前实际情况，帮助每个学生制订个性发展计划；帮助学生明确富有特色的发展方向、发展领域；通过开设个性化的班级课程，支持每个学生在自己喜欢的领域获得更快更好的发展。

　　那么，作为学生个性发展计划的第一步，到底应如何帮助学生制订各种类型、各种时间段的个性发展计划呢？我的尝试是把每一个学生当课题来研究。比如，我带的2004级学生有40名，我便结合每个学生的个性特点、学习水平、思维品质等具体情况，征得学生的同意后，为每个学生确立了一个符合该学生实际的科研课题，共设立了40个课题。而且，我还把学生也纳入研究体系，让学生和我一起研究他们的成长。比如，为学生曹迁（化名）设立的研究课题是"如何做一个自信的优秀生"。尽管曹迁的综合素养很高，却不自信，不能自如地展示自己的优良素养。因此，在3年的成长中，她研究怎么做，我也帮助她研究。那3年，曹迁的学习成绩绝大多数时候居于全年级第一，多次获得各类竞赛大奖，尤其是，她越来越能自信地在公共场合展示自己。

　　为了鼓励学生个性化的发展，我追求对班级建设中的任何一项事务都赋予个性化内涵。比如，为每个学生设计个性化的挂历。学生杜双（化名）的挂历是样设计的：封面以杜双的名字做底色，加上杜双的照片和"杜双，2008"字样，"十佳学子"、"学习委员"、"三好学生"等字样分布到12个月的页面上做底色，每一个页面上再加上杜双的照片和她信奉的话语、获奖描述等成长的最佳体现。

　　上路：为了研究而研究

　　为了自己、工作和学生而研究，我确定的研究内容似乎都是现实中需要解决的问题，使我永远处于解决自我和教育现实的紧张关系中，更使我和现实教育处于对立中。那么，这种外在的、静止的研究于研究本身还有多少价值呢？我什么时候为了研究而研究呢？研究者的使命不是为了发泄，也不是为了指责，而应是向自己和分享者展示一些带有普遍性、经得住推敲的操作模式与理论图景。我的研究必须摆脱行政思维、道德评判与我的太个性化的意识形态，要对教育现实有理解之后的超然，要对正面的和负面的问题与现象一视同仁，要用关怀的目光看待教育现实世界。立足于此的研究才是真正的为研究而研究。

有了这样的认识，我也就准备开始新的研究了。

我认为："班主任"是一个典型的中国化岗位，任何一个国家的学生教育管理岗位都没有国内的"班主任"承担的责任大，完成的工作量大，作出的贡献大。因此，对它的理论研究，一个非常有意义的陈述领域就是寻找推进我国中小学班主任工作的当代要求。

10年来，我的研究不断地发生转向。一次次的转向，就是一场场一旦进入就很难停步的跋涉。我是在潜心寻访，也是在静静对话，更是在慢慢提升。这让我的内心深处变得澄澈、敞亮起来。

"教师即研究者"正在成为教育界普遍的共识。人们越来越认识到，没有教师的亲身参与，就无法使教育研究成果更快更好地在教育实际中得到有效的运用。这方面的积极倡导者是美国学者斯滕豪斯，他指出："如果没有得到教师对研究成果的检验，那么就很难看到如何改进教学，或如何评定课程规划。如果教育要得到重大的改进，就必须形成一种可以使教师接受并有助于教学的研究传统。"

从促进教师专业水平的角度来看，教师的研究至少应该具有这样几个特征：

（1）研究的主题来源于实际需要

这些问题可以是教育教学工作中的困惑、难点，也可以是针对教育改革倡导的先进理念的挂钩点，或者是优秀经验总结与凝练。

（2）研究的方式主要是归纳而非演绎

即教师的教育科研所揭示的观点、命题往往是基于对教育教学工作中事实和案例的归纳与提炼，而非先有某某专家的理论和观点，然后举个例子佐证和解释。

（3）研究的结论是漏斗式聚焦的

意指研究的结果是围绕具体问题的层层归纳而得到的，追求的是"小而深"的具体的认识结论，而非"大而全"的抽象概括。

对照这几个特征，结合目前中小学的一些研究性文章，可以发现其内容多以问卷分析、文献引用、推理概述为主。这种文章的丰富，反映了现在的一种研究现状：以理性智慧为主的思想倾向。这些文章读来会使人受到一些启发，但却也时时觉得空泛无用。究其原因，是不少文章缺乏实证的基础。架在"空中楼阁"上的研究，用之指导教育实践，往往下不来、靠不住，且缺乏持久的理性魅力。对研究者来说，这样的精力投入未必有利于研究风气的健康；对实际工作者来说，其教育学养未必能够得以提高。所以，中小学教育最需要提倡的，是实证性的行动研究。

所谓实证的行动研究，是立足于对真实事件的认识、对行为现象的客观发现，它以实证为坚实的基础，并在此基础上进行理性推导、哲学概括。实证的行动研究强调的是事实，强调的是用真实的事件、行为验证推导出结论。这种研究风气，在国外是十分盛行的。有这样一个较为极端的例子：为了研究情绪与健康的关系，西方一位学者招募了一批志愿者，学者在志愿者身上做了个小小的烫伤，然后在自然的生活状态下观察其康复的情况。观察过程不细说了，只说结论吧。实验显示，情绪与肉体伤口康复的关系是正相关，且存在差异。情绪急躁者，其伤口愈合慢；情绪表达内向者，其伤口复合也慢；而情绪乐观者，情绪表达率真者，其伤口愈合快。调查结果支持了先前的心理研究的假设。这就是实证的、行动性的研究。

这个例子不是说凡研究，就得学会先去"烫伤"人，而是说，学者要做到躬身深入到实际工作中去体察、感受、发现，要追求立足于实践来进行研究的风气。作为班主任的研究，是以"科学地发现事实"为基础、以解决教学工作和班级管理的实际问题为目标的诊断性研究或教育理论的应用型研究。从这个角度上说，班主任不一定要成为"研究者"——研究不是教师的专业，但通过研究，通过学校教育科研，班主任可以成为一个有思想的行动者，一个能够解决问题、不断取得进步的实践者。

附录 中华人民共和国未成年人保护法

（1991年9月4日第七届全国人民代表大会常务委员会第二十一次会议通过，2006年12月29日第十届全国人民代表大会常务委员会第二十五次会议修订。）

第一章 总则

第一条 为了保护未成年人的身心健康，保障未成年人的合法权益，促进未成年人在品德、智力、体质等方面全面发展，培养有理想、有道德、有文化、有纪律的社会主义建设者和接班人，根据宪法，制定本法。

第二条 本法所称未成年人是指未满十八周岁的公民。

第三条 未成年人享有生存权、发展权、受保护权、参与权等权利，国家根据未成年人身心发展特点给予特殊、优先保护，保障未成年人的合法权益不受侵犯。

未成年人享有受教育权，国家、社会、学校和家庭尊重和保障未成年人的受教育权。

未成年人不分性别、民族、种族、家庭财产状况、宗教信仰等，依法平等地享有权利。

第四条 国家、社会、学校和家庭对未成年人进行理想教育、道德教育、文化教育、纪律和法制教育，进行爱国主义、集体主义和社会主义的教育，提倡爱祖国、爱人民、爱劳动、爱科学、爱社会主义的公德，反对资本主义的、封建主义的和其他的腐朽思想的侵蚀。

第五条 保护未成年人的工作，应当遵循下列原则：

（一）尊重未成年人的人格尊严；

（二）适应未成年人身心发展的规律和特点；

（三）教育与保护相结合。

第六条 保护未成年人，是国家机关、武装力量、政党、社会团体、企业事业组织、城乡基层群众性自治组织、未成年人的监护人和其他成年公民的共同责任。

对侵犯未成年人合法权益的行为，任何组织和个人都有权予以劝阻、制止或者向有关部门提出检举或者控告。

国家、社会、学校和家庭应当教育和帮助未成年人维护自己的合法权益，增强自我保护的意识和能力，增强社会责任感。

第七条 中央和地方各级国家机关应当在各自的职责范围内做好未成年人保护工作。

国务院和地方各级人民政府领导有关部门做好未成年人保护工作；将未成年人保护工作纳入国民经济和社会发展规划以及年度计划，相关经费纳入本级政府预算。

国务院和省、自治区、直辖市人民政府采取组织措施，协调有关部门做好未成年人保护工作。具体机构由国务院和省、自治区、直辖市人民政府规定。

第八条 共产主义青年团、妇女联合会、工会、青年联合会、学生联合会、少年先锋队以及其他有关社会团体，协助各级人民政府做好未成年人保护工作，维护未成年人的合法权益。

第九条 各级人民政府和有关部门对保护未成年人有显著成绩的组织和个人，给予表彰和奖励。

第二章 家庭保护

第十条 父母或者其他监护人应当创造良好、和睦的家庭环境，依法履行对未成年人的监护职责和抚养义务。

禁止对未成年人实施家庭暴力，禁止虐待、遗弃未成年人，禁止溺婴和其他残害婴儿的行为，不得歧视女性未成年人或者有残疾的未成年人。

第十一条　父母或者其他监护人应当关注未成年人的生理、心理状况和行为习惯，以健康的思想、良好的品行和适当的方法教育和影响未成年人，引导未成年人进行有益身心健康的活动，预防和制止未成年人吸烟、酗酒、流浪、沉迷网络以及赌博、吸毒、卖淫等行为。

第十二条　父母或者其他监护人应当学习家庭教育知识，正确履行监护职责，抚养教育未成年人。

有关国家机关和社会组织应当为未成年人的父母或者其他监护人提供家庭教育指导。

第十三条　父母或者其他监护人应当尊重未成年人受教育的权利，必须使适龄未成年人依法入学接受并完成义务教育，不得使接受义务教育的未成年人辍学。

第十四条　父母或者其他监护人应当根据未成年人的年龄和智力发展状况，在作出与未成年人权益有关的决定时告知其本人，并听取他们的意见。

第十五条　父母或者其他监护人不得允许或者迫使未成年人结婚，不得为未成年人订立婚约。

第十六条　父母因外出务工或者其他原因不能履行对未成年人监护职责的，应当委托有监护能力的其他成年人代为监护。

第三章　学校保护

第十七条　学校应当全面贯彻国家的教育方针，实施素质教育，提高教育质量，注重培养未成年学生独立思考能力、创新能力和实践能力，促进未成年学生全面发展。

第十八条　学校应当尊重未成年学生受教育的权利，关心、爱护学生，对品行有缺点、学习有困难的学生，应当耐心教育、帮助，不得歧视，不得违反法律和国家规定开除未成年学生。

第十九条　学校应当根据未成年学生身心发展的特点，对他们进行社会生活指导、心理健康辅导和青春期教育。

第二十条　学校应当与未成年学生的父母或者其他监护人互相配合，保证未成年学生的睡眠、娱乐和体育锻炼时间，不得加重其学习负担。

第二十一条　学校、幼儿园、托儿所的教职员工应当尊重未成年人的人格尊严，不得对未成年人实施体罚、变相体罚或者其他侮辱人格尊严的行为。

第二十二条　学校、幼儿园、托儿所应当建立安全制度，加强对未成年人的安全教育，采取措施保障未成年人的人身安全。

学校、幼儿园、托儿所不得在危及未成年人人身安全、健康的校舍和其他设施、场所中进行教育教学活动。

学校、幼儿园安排未成年人参加集会、文化娱乐、社会实践等集体活动，应当有利于未成年人的健康成长，防止发生人身安全事故。

第二十三条　教育行政等部门和学校、幼儿园、托儿所应当根据需要，制定应对各种灾害、传染性疾病、食物中毒、意外伤害等突发事件的预案，配备相应设施并进行必要的演练，增强未成年人的自我保护意识和能力。

第二十四条　学校对未成年学生在校内或者本校组织的校外活动中发生人身伤害事故的，应当及时救护，妥善处理，并及时向有关主管部门报告。

第二十五条　对于在学校接受教育的有严重不良行为的未成年学生，学校和父母或者其他监护人应当互相配合加以管教；无力管教或者管教无效的，可以按照有关规定将其送专门学校继续接受教育。

依法设置专门学校的地方人民政府应当保障专门学校的办学条件，教育行政部门应当加强对专门学校的管理和指导，有关部门应当给予协助和配合。

专门学校应当对在校就读的未成年学生进行思想教育、文化教育、纪律和法制教育、劳动技术教育和职业教育。

专门学校的教职员工应当关心、爱护、尊重学生，不得歧视、厌弃。

第二十六条 幼儿园应当做好保育、教育工作，促进幼儿在体质、智力、品德等方面和谐发展。

第四章 社会保护

第二十七条 全社会应当树立尊重、保护、教育未成年人的良好风尚，关心、爱护未成年人。

国家鼓励社会团体、企业事业组织以及其他组织和个人，开展多种形式的有利于未成年人健康成长的社会活动。

第二十八条 各级人民政府应当保障未成年人受教育的权利，并采取措施保障家庭经济困难的、残疾的和流动人口中的未成年人等接受义务教育。

第二十九条 各级人民政府应当建立和改善适合未成年人文化生活需要的活动场所和设施，鼓励社会力量兴办适合未成年人的活动场所，并加强管理。

第三十条 爱国主义教育基地、图书馆、青少年宫、儿童活动中心应当对未成年人免费开放；博物馆、纪念馆、科技馆、展览馆、美术馆、文化馆以及影剧院、体育场馆、动物园、公园等场所，应当按照有关规定对未成年人免费或者优惠开放。

第三十一条 县级以上人民政府及其教育行政部门应当采取措施，鼓励和支持中小学校在节假日期间将文化体育设施对未成年人免费或者优惠开放。

社区中的公益性互联网上网服务设施，应当对未成年人免费或者优惠开放，为未成年人提供安全、健康的上网服务。

第三十二条　国家鼓励新闻、出版、信息产业、广播、电影、电视、文艺等单位和作家、艺术家、科学家以及其他公民，创作或者提供有利于未成年人健康成长的作品。出版、制作和传播专门以未成年人为对象的内容健康的图书、报刊、音像制品、电子出版物以及网络信息等，国家给予扶持。

国家鼓励科研机构和科技团体对未成年人开展科学知识普及活动。

第三十三条　国家采取措施，预防未成年人沉迷网络。

国家鼓励研究开发有利于未成年人健康成长的网络产品，推广用于阻止未成年人沉迷网络的新技术。

第三十四条　禁止任何组织、个人制作或者向未成年人出售、出租或者以其他方式传播淫秽、暴力、凶杀、恐怖、赌博等毒害未成年人的图书、报刊、音像制品、电子出版物以及网络信息等。

第三十五条　生产、销售用于未成年人的食品、药品、玩具、用具和游乐设施等，应当符合国家标准或者行业标准，不得有害于未成年人的安全和健康；需要标明注意事项的，应当在显著位置标明。

第三十六条　中小学校园周边不得设置营业性歌舞娱乐场所、互联网上网服务营业场所等不适宜未成年人活动的场所。

营业性歌舞娱乐场所、互联网上网服务营业场所等不适宜未成年人活动的场所，不得允许未成年人进入，经营者应当在显著位置设置未成年人禁入标志；对难以判明是否已成年的，应当要求其出示身份证件。

第三十七条　禁止向未成年人出售烟酒，经营者应当在显著位置设置不向未成年人出售烟酒的标志；对难以判明是否已成年的，应当要求其出示身份证件。

任何人不得在中小学校、幼儿园、托儿所的教室、寝室、活动室和其他未成年人集中活动的场所吸烟、饮酒。

第三十八条　任何组织或者个人不得招用未满十六周岁的未成年人，国家另有规定的除外。

任何组织或者个人按照国家有关规定招用已满十六周岁未满十八周

岁的未成年人的，应当执行国家在工种、劳动时间、劳动强度和保护措施等方面的规定，不得安排其从事过重、有毒、有害等危害未成年人身心健康的劳动或者危险作业。

第三十九条　任何组织或者个人不得披露未成年人的个人隐私。

对未成年人的信件、日记、电子邮件，任何组织或者个人不得隐匿、毁弃；除因追查犯罪的需要，由公安机关或者人民检察院依法进行检查，或者对无行为能力的未成年人的信件、日记、电子邮件由其父母或者其他监护人代为开拆、查阅外，任何组织或者个人不得开拆、查阅。

第四十条　学校、幼儿园、托儿所和公共场所发生突发事件时，应当优先救护未成年人。

第四十一条　禁止拐卖、绑架、虐待未成年人，禁止对未成年人实施性侵害。

禁止胁迫、诱骗、利用未成年人乞讨或者组织未成年人进行有害其身心健康的表演等活动。

第四十二条　公安机关应当采取有力措施，依法维护校园周边的治安和交通秩序，预防和制止侵害未成年人合法权益的违法犯罪行为。

任何组织或者个人不得扰乱教学秩序，不得侵占、破坏学校、幼儿园、托儿所的场地、房屋和设施。

第四十三条　县级以上人民政府及其民政部门应当根据需要设立救助场所，对流浪乞讨等生活无着未成年人实施救助，承担临时监护责任；公安部门或者其他有关部门应当护送流浪乞讨或者离家出走的未成年人到救助场所，由救助场所予以救助和妥善照顾，并及时通知其父母或者其他监护人领回。

对孤儿、无法查明其父母或者其他监护人的以及其他生活无着的未成年人，由民政部门设立的儿童福利机构收留抚养。

未成年人救助机构、儿童福利机构及其工作人员应当依法履行职责，不得虐待、歧视未成年人；不得在办理收留抚养工作中牟取利益。

第四十四条　卫生部门和学校应当对未成年人进行卫生保健和营养指导，提供必要的卫生保健条件，做好疾病预防工作。

卫生部门应当做好对儿童的预防接种工作，国家免疫规划项目的预防接种实行免费；积极防治儿童常见病、多发病，加强对传染病防治工作的监督管理，加强对幼儿园、托儿所卫生保健的业务指导和监督检查。

第四十五条　地方各级人民政府应当积极发展托幼事业，办好托儿所、幼儿园，支持社会组织和个人依法兴办哺乳室、托儿所、幼儿园。

各级人民政府和有关部门应当采取多种形式，培养和训练幼儿园、托儿所的保教人员，提高其职业道德素质和业务能力。

第四十六条　国家依法保护未成年人的智力成果和荣誉权不受侵犯。

第四十七条　未成年人已经完成规定年限的义务教育不再升学的，政府有关部门和社会团体、企业事业组织应当根据实际情况，对他们进行职业教育，为他们创造劳动就业条件。

第四十八条　居民委员会、村民委员会应当协助有关部门教育和挽救违法犯罪的未成年人，预防和制止侵害未成年人合法权益的违法犯罪行为。

第四十九条　未成年人的合法权益受到侵害的，被侵害人及其监护人或者其他组织和个人有权向有关部门投诉，有关部门应当依法及时处理。

第五章　司法保护

第五十条　公安机关、人民检察院、人民法院以及司法行政部门，应当依法履行职责，在司法活动中保护未成年人的合法权益。

第五十一条　未成年人的合法权益受到侵害，依法向人民法院提起诉讼的，人民法院应当依法及时审理，并适应未成年人生理、心理特点和健康成长的需要，保障未成年人的合法权益。

在司法活动中对需要法律援助或者司法救助的未成年人，法律援助机构或者人民法院应当给予帮助，依法为其提供法律援助或者司法救助。

第五十二条 人民法院审理继承案件，应当依法保护未成年人的继承权和受遗赠权。

人民法院审理离婚案件，涉及未成年子女抚养问题的，应当听取有表达意愿能力的未成年子女的意见，根据保障子女权益的原则和双方具体情况依法处理。

第五十三条 父母或者其他监护人不履行监护职责或者侵害被监护的未成年人的合法权益，经教育不改的，人民法院可以根据有关人员或者有关单位的申请，撤销其监护人的资格，依法另行指定监护人。被撤销监护资格的父母应当依法继续负担抚养费用。

第五十四条 对违法犯罪的未成年人，实行教育、感化、挽救的方针，坚持教育为主、惩罚为辅的原则。

对违法犯罪的未成年人，应当依法从轻、减轻或者免除处罚。

第五十五条 公安机关、人民检察院、人民法院办理未成年人犯罪案件和涉及未成年人权益保护案件，应当照顾未成年人身心发展特点，尊重他们的人格尊严，保障他们的合法权益，并根据需要设立专门机构或者指定专人办理。

第五十六条 公安机关、人民检察院讯问未成年犯罪嫌疑人，询问未成年证人、被害人，应当通知监护人到场。

公安机关、人民检察院、人民法院办理未成年人遭受性侵害的刑事案件，应当保护被害人的名誉。

第五十七条 对羁押、服刑的未成年人，应当与成年人分别关押。

羁押、服刑的未成年人没有完成义务教育的，应当对其进行义务教育。

解除羁押、服刑期满的未成年人的复学、升学、就业不受歧视。

第五十八条 对未成年人犯罪案件，新闻报道、影视节目、公开出版物、网络等不得披露该未成年人的姓名、住所、照片、图像以及可能推断出该未成年人的资料。

第五十九条 对未成年人严重不良行为的矫治与犯罪行为的预防，依照预防未成年人犯罪法的规定执行。

第六章 法律责任

第六十条 违反本法规定，侵害未成年人的合法权益，其他法律、法规已规定行政处罚的，从其规定；造成人身财产损失或者其他损害的，依法承担民事责任；构成犯罪的，依法追究刑事责任。

第六十一条 国家机关及其工作人员不依法履行保护未成年人合法权益的责任，或者侵害未成年人合法权益，或者对提出申诉、控告、检举的人进行打击报复的，由其所在单位或者上级机关责令改正，对直接负责的主管人员和其他直接责任人员依法给予行政处分。

第六十二条 父母或者其他监护人不依法履行监护职责，或者侵害未成年人合法权益的，由其所在单位或者居民委员会、村民委员会予以劝诫、制止；构成违反治安管理行为的，由公安机关依法给予行政处罚。

第六十三条 学校、幼儿园、托儿所侵害未成年人合法权益的，由教育行政部门或者其他有关部门责令改正；情节严重的，对直接负责的主管人员和其他直接责任人员依法给予处分。

学校、幼儿园、托儿所教职员工对未成年人实施体罚、变相体罚或者其他侮辱人格行为的，由其所在单位或者上级机关责令改正；情节严重的，依法给予处分。

第六十四条 制作或者向未成年人出售、出租或者以其他方式传播淫秽、暴力、凶杀、恐怖、赌博等图书、报刊、音像制品、电子出版物以及网络信息等的，由主管部门责令改正，依法给予行政处罚。

第六十五条 生产、销售用于未成年人的食品、药品、玩具、用具和游乐设施不符合国家标准或者行业标准，或者没有在显著位置标明注意事项的，由主管部门责令改正，依法给予行政处罚。

第六十六条　在中小学校园周边设置营业性歌舞娱乐场所、互联网上网服务营业场所等不适宜未成年人活动的场所的，由主管部门予以关闭，依法给予行政处罚。

营业性歌舞娱乐场所、互联网上网服务营业场所等不适宜未成年人活动的场所允许未成年人进入，或者没有在显著位置设置未成年人禁入标志的，由主管部门责令改正，依法给予行政处罚。

第六十七条　向未成年人出售烟酒，或者没有在显著位置设置不向未成年人出售烟酒标志的，由主管部门责令改正，依法给予行政处罚。

第六十八条　非法招用未满十六周岁的未成年人，或者招用已满十六周岁的未成年人从事过重、有毒、有害等危害未成年人身心健康的劳动或者危险作业的，由劳动保障部门责令改正，处以罚款；情节严重的，由工商行政管理部门吊销营业执照。

第六十九条　侵犯未成年人隐私，构成违反治安管理行为的，由公安机关依法给予行政处罚。

第七十条　未成年人救助机构、儿童福利机构及其工作人员不依法履行对未成年人的救助保护职责，或者虐待、歧视未成年人，或者在办理收留抚养工作中牟取利益的，由主管部门责令改正，依法给予行政处分。

第七十一条　胁迫、诱骗、利用未成年人乞讨或者组织未成年人进行有害其身心健康的表演等活动的，由公安机关依法给予行政处罚。

第七章　附则

第七十二条　本法自 2007 年 6 月 1 日起施行。